똑똑한 여자는
가슴 뛰는 삶을 포기하지 않는다

정현혜 저

똑똑한 여자는
가슴 뛰는 삶을 포기하지 않는다

●
발행일 · 1쇄 발행 2014년 12월 10일
지은이 · 정현혜
발　행 · 최한호
출　판 · 다담북
본문 디자인 · 포인
표지 디자인 · 포인

●
등　록 · 2012년 10월 16일 제2012-000018호
주　소 · 인천시 부평구 부평동 부평문화로 115번길 54 미성304
전　화 · 032) 507-6509
팩　스 · 032) 507-6505
e-mail · chh6505@naver.com
ISBN · 978-89-969789-7-8　13320

정　가 · 13,800원

여자의 당당함은
자기 인생을 살아갈 때 나온다

노란 은행잎이 지던 지난해 어느 가을날, 책을 쓰기 시작하였다. 어느덧 시간은 흘러 늦가을에 출간을 앞두고 있으니 벌써 일 년여의 시간이 흘러간 셈이다. 세월은 정말 눈 깜박 할 사이에 지나간다.

"인생은 흘러가는 것이 아니고 채워가야 하는 것이다. 우리는 하루하루를 내가 가진 그 무엇으로 채워가야 한다."는 존 러스킨의 말처럼, 의미 있는 인생은 거저 얻어지는 것이 아니다. 이 책이 나올 수 있었던 것은 '책을 써서 내 안의 것들을 사람들과 나누고 싶다'는 꿈과, 그 꿈을 이루기 위해 매일 고민하고 노력을 기울였던 시간들이 있었기 때문이다. 시련도 있었고 포기하고 싶은 순간도 있었다. 그러나 노력들이 차곡차곡 쌓여 임계치를 넘어서자 꿈은 마침내 현실이 되었다. 그리고 신기하게도 꿈에 몰두하자 나를 괴롭혀 왔던 문제들은 점점 작아졌고 더 이상 나를 흔들지 못하게 되었다. 물론 아직도 문제들은 그대로 존재한다. 그러나 이제 나는 안다. 중요한 것은 '문제'가 아니라 '문제'를 받아들이는 '나 자신'이라는 것을.

나는 책을 통해 내가 깨닫고 배운 것들을 여러분과 나누고 싶다. 세상에는 운 좋게도 좋은 환경에서 삶에 만족하며 행복하게 살아가는 여성들도 있지만 가정 혹은 직장에서 여러 가지 문제로 갈등하고 고뇌하는 여성들 또한 존재한다. 문제가 있다는 것은 나쁜 것만은 아니다. 받아들이기에 따라 오히려 그것들이 자신을 한 단계 성장하게 만드는 자양분이 될 수 있기 때문이다. 나는 수없이 많은 시행착오를 거듭한 후에야 이 사실을 깨달았지만 여러분들은 이 책을 통해 시행착오를 줄이고 좀 더 당당하게 자신감 있게 자기 인생을 그려갔으면 한다.

책이 나오기까지 도움을 주신 여러 분들께 감사의 말을 전하고 싶다. 언제나 변함없이 딸을 믿어주시고 응원해주시는 부모님과 영원한 내 편 언니에게 사랑과 감사의 인사를 전한다. 그들의 전폭적인 지원이 없었다면 나는 결코 책을 쓸 수 없었을 것이다.

묵묵히 곁을 지켜주는 남편과 사랑스러운 나의 딸 은서에게도 무한한 사랑과 감사를 보낸다. 세상 모든 엄마들이 다 그렇겠지만, 정말이지 딸은 내 인생 최고의 기적이자 선물이다. 마지막으로 자신의 이야기를 들려준 여러 여성분들과 물심양면 도움을 준 김미영 작가, 부족한 원고 세상에 나올 수 있게끔 도움을 주신 다움 출판사의 최한호님께 감사드린다.

삶의 무게에 힘들어하는 여성들, 혹은 어떻게 살아야 할지 고민하고 있는 여성들이 이 책을 통해 용기를 얻고 자기 인생을 찾는다면 그보다 더 기쁜 일은 없을 것이다. 여러분에게 나의 이 간절한 마음이 닿을 수 있기를 희망한다.

2014년 어느 가을날 _정 현 혜

Contents 차례

머리말 _03

Part 1 결혼은 미친 짓이라는 말은 진짜였다

01 결혼 후 여자는 사랑에 목숨 걸고, 남자는 밥에 목숨 건다 _08
02 집안일에도 밀당은 필요하다 _15
03 남자들이 정신 바짝 차리고 긴장해야 하는 이유 _22
04 여자는 '남의 편'이 아닌 '남편'에게 기대고 싶다 _30
05 며느리라는 지독히도 불합리한 자리 _38
06 명절의 끝에서 탈출을 외치다 _45
07 마음 편히 아프지도 못하는 바보의 또 다른 이름, 엄마 _52

Part 2 다르게 살고 싶다면 발가락이라도 꼼지락거려라

01 배려도 적당히 해야 고마운 줄 안다 _64
02 의존적인 신데렐라가 될 것인가, 스스로 빛나는 팅커벨이 될 것인가 _71
03 뻔뻔함과 당돌함이야말로 당신이 가져야 할 히든카드다 _79
04 살림하며 행복한 여자, 직장에 나가며 만족하는 여자 _88
05 슈퍼 우먼의 망토를 벗어 던져라 _96
06 사이좋은 고부관계 뒤에는 '적당한 거리 두기'가 있다 _104
07 끌려 다닐 거면 차라리 나쁜 여자가 되라 _110
08 아이에게 줄 수 있는 것이 많지 않다는 것은 축복이다 _120
09 부모가 진심으로 믿어주면 아이는 언젠가는 길을 찾는다 _130

Part 3 주인공으로 살 것인가, 주변인으로 살 것인가

01 '내 인생'이라는 무대의 주인공이 내가 되어야 한다 _140
02 꿈꿀 수 있는 나이에 유통기한은 없다 _147
03 혼자서 잘 노는 것도 능력이다 _157
04 세상의 여자는 독서하는 여자와 독서하지 않는 여자로 나뉜다 _164
05 진짜 힐링은 커피보다 걷기다 _172
06 밑져야 본전, 주문서를 적듯 소원을 써내려가라 _180
07 적어도 분기에 한번은 나를 위해 사라 _187
08 '소녀 마인드'로 당신의 시계를 거꾸로 돌려라 _194
09 자신을 가꾸지 않는 것은 여자의 직무유기다 _202

Part 4 행복은 먼 곳에 있는 대단한 것이 아니다

01 당신 마음의 주치의가 되라 _214
02 여자의 매력을 한 단계 업그레이드 시키는 힘, 유머 _222
03 감사하는 사람이 노력하는 사람을 이긴다 _231
04 조금만 이기적으로 살면 인생이 즐거워진다 _239
05 우리를 풍요롭게 하는 건 100만 원의 쇼핑이 아닌 1만 원의 나눔이다 _246
06 영혼은 생각의 빛깔로 물든다 _253

01 결혼 후 여자는 사랑에 목숨 걸고, 남자는 밥에 목숨 건다
02 집안일에도 밀당은 필요하다
03 남자들이 정신 바짝 차리고 긴장해야 하는 이유
04 여자는 '남의 편'이 아닌 '남편'에게 기대고 싶다
05 며느리라는 지독히도 불합리한 자리
06 명절의 끝에서 탈출을 외치다
07 마음 편히 아프지도 못하는 바보의 또 다른 이름, 엄마

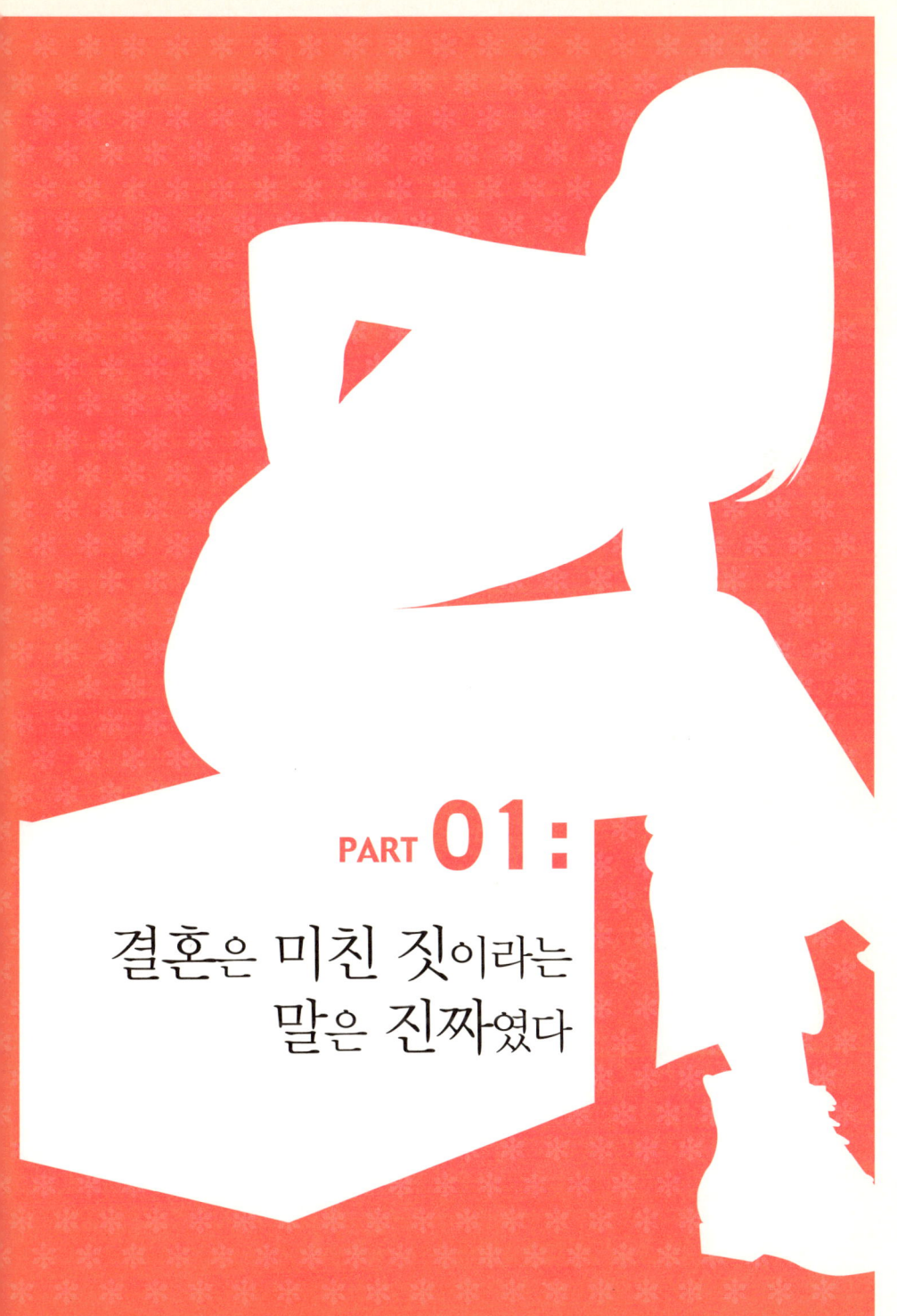

01 결혼 후 여자는 사랑에 목숨 걸고, 남자는 밥에 목숨 건다

> "가난한 자는 부자를 꿈꾸고, 부자는 행복을 꿈꾼다.
> 미혼자는 결혼을 꿈꾸고, 기혼자는 죽음을 꿈꾼다."
> _앤 렌더스

결혼한 지 10년이 넘도록 행복하게 잘살고 있는, 금실 좋기로 소문난 선배 부부가 있다. 얼마 전 선배 언니와 우연히 만날 기회가 있었는데, 반갑게 이야기를 나누다 언니에게 넌지시 물었다.

"언니, 만약 10년 전으로 시간을 되돌릴 수 있다면 다시 형부랑 결혼할 거야, 아니면 다른 남자랑 결혼할 거야?"

언니가 넌더리를 치며 대답했다.

"미쳤니? 결혼을 또 하게? 10년 전으로 되돌아간다면 결혼

안 하고 혼자 살 거야."

결혼에 관해 이야기를 할 때 혹자는 '미친 짓'이라고 말하기도 한다. 물론 농담 삼아 하는 말일 것이다. '결혼은 미친 짓'이라는 표현이 다소 과격하기는 하지만 결혼 5년 차 아내이자 한 아이의 엄마인 나는 그 말에 일정 부분 동감한다.

사랑의 결실인 '결혼'을 '미친짓'이라고 까지 일컫는 것은 그만큼 결혼생활이 쉽지 않다는 것을 말하고자 하는 것이 아닐까? 결혼을 하기는 쉽지만 결혼생활을 행복하게 유지하기란 쉽지 않다. 사랑에 빠져 콩깍지가 씌었을 때는 한시라도 빨리 하고 싶어 하지만 막상 하고나면 많은 희생과 인내심이 필요한 것. 이것이 결혼 아닐까?

미혼여성들이라면 누구나 결혼에 대한 장밋빛 기대감과 환상을 갖고 있을 것이다. 하지만 그렇다고 해서 대단하고 거창한 걸 꿈꾸는 것은 아니다. 크지 않더라도 안락한 집에서 남편과 평생 연인처럼 서로 아끼고 사랑하며, 둘을 닮은 2세를 낳아 잘 키우고 행복하게 사는 것 같은 소박한 바람들이다.

그러나 달콤한 신혼이 끝나고 결혼생활이 일상으로 자리 잡게 되면, 결혼은 현실이라는 기혼자들의 충고가 피부에 와 닿기 시작한다. 자신이 꿈꾸던 이상과 실제 결혼사이에는 생각보다 큰 차이가 존재하며, 결혼이 언제까지나 행복하고 즐거운 일들로 가득한 축제가 아니라는 것을 몸소 깨닫게 되는 것이다.

연애할 때는 하늘의 별도 달도 따다 줄 것만 같던 남자들이 결혼하고 난 후에는 아내에게 소홀해 지는 경우를 종종 볼 수 있다. 결혼 전에는 마음을 얻기 위해 온갖 정성을 들이더니 이제는 아내를 소 닭 보듯 무심하게 대하는 것이다. 퇴근 후 집에 돌아와서 아내와 대화를 하기 보다는 소파에 드러누워 TV나 스마트 폰만 주구장창 들여다보는 남편들이 얼마나 많은가?

여자들이 집안일을 하느라 분주할 때에도 도와주기는커녕 '물 가져와라', '과일 가져와라'하며 오히려 일을 시키는 남편들도 있다. 그것뿐인가. 회식에 간 남편이 핸드폰은 꺼진 채 밤 늦게까지 감감 무소식 이기라도 하면 아내들의 속은 얼마나 타 들어가는지!

육아 문제도 한번 생각해 보자. 아기가 어릴 때에는 육아는 거의 아내의 몫이 될 수밖에 없다. 육아 만으로도 벅찬 아내를 도와 집안일이나 간단한 아기 돌보기 정도는 남편들도 충분히 할 수 있다. 하지만 선뜻 나서는 남편들은 많지 않다. 요즘에는 옛날에 비해 자상한 남자들도 많아져 퇴근 후 아기를 잘 돌보거나 집안일을 한다. 하지만 아직도 상당수 남자들은 집안 일은 자기가 할 일이 아니라고 생각한다.

한밤중에 아기 우는 소리가 들리기라도 하면, 엄마들은 금세 일어나 달려가는 반면 남편들은 단체로 귀에 귀마개라도 한 듯 쿨쿨 잘도 자니 신기할 노릇이다. 아이를 키우며 맞벌이를 하는 아내들의 일상은 더욱 고단하다. 하루 종일 직장에서 시달리느라 파김치가 되어 집에 와도 엉덩이를 땅에 붙이고 쉴 틈이 없다. 밀린 집안일도 하고 식구들 저녁도 차려야 하며, 애들도 챙겨야 하기 때문이다.

그렇게 정신없이 살다가 어느 날 문득, 거울을 보면 그 속에는 길에서 흔히 마주칠 법한 아줌마가 서있다. 화장기 없는 얼굴에 머리는 대충 묶은 채 반찬국물이 묻은 추리닝을 입고 있는 초췌한 모습이 바로 내 모습 이라니. 결혼 전에는 나름대로 외모에 자신도 있었고 나 좋다는 남자들도 있었는데…. 아내들의 마음 속에서 우울함이 파도처럼 밀려온다.

얼마 전 인구보건복지협회에서 전국 남녀 1,000여명을 대상으로 "다시 태어나도 현재의 배우자와 결혼하겠습니까?"라는 내용의 설문조사를 실시한 적이 있다.

결과는 매우 흥미로웠다. 남편들의 경우 45%, 즉 2명 중 1명이 다시 태어나도 현재의 배우자와 결혼하겠다고 대답한 반면, 아내들은 19.4%, 겨우 5명 중 1명만이 현재의 배우자와 결혼하겠다고 답한 것이다. "결혼 전과 비교했을 때 현재가 더 행복한

가?" 하는 질문에도 남성에 비해 훨씬 많은 여성이 "행복하지 않다."고 답했다.

　이런 결과가 나온 것은 그리 놀랄만한 일이 아니다. 주위를 둘러봐도 행복함 보다는 불행한 결혼생활의 고통을 하소연하는 사람들이 더 많고, 주부 대상 온라인 커뮤니티나 상담게시판에는 남편의 외도, 결혼생활에 대한 회의, 경제적인 문제, 고부 갈등 등 고민을 하소연 하는 글들이 끊임없이 올라온다.

　물론 남편들도 나름의 삶의 무게를 견디며 산다. 어찌 남편들에게도 고뇌와 번민이 없겠는가? 하지만 한국 사회는 남자들에게 희생과 함께 권리도 부여한 반면, 여자들에게는 더 많은 희생을 요구해 온 것이 사실이다. 아주 먼 옛날부터 철저하게 남성중심의 사회였기 때문이다.

　오늘날 여자들은 과거와 달리 엄마, 아내, 며느리 1인 3역을 함과 동시에 경제적 책임도 남자와 똑같이 짊어지게 되었다. 자아 실현을 목적으로 직장생활을 하기도 하지만, 솔직히 아파트 대출금 갚고 애들 학원비 대느라 팍팍한 경제사정 때문에 직업전선에 뛰어드는 경우가 대부분이다. 돈도 벌고 살림도 하고 아이도 키우고 한꺼번에 여러 가지 역할을 해내느라 고단한 삶…. 그럼에도 불구하고 여자들은 하루하루를 씩씩하게 살아간다. 그런데 만약 남편들이 아내들의 마음을 몰라준다거나 아내를 여자가 아닌 밥순이로만 대한다면 그녀들의 허탈과 실망감은 이루 말할 수 없을 것이다.

그런 의미에서 신혼 시절 가졌던 서로에 대한 마음을 잊지 않고 살라는 가르침을 주는 부부 호칭에 얽힌 유래에 대해 들려주고 싶다.

부부가 하루에도 수 십 번씩 서로를 부르는 '여보', '당신' 같은 호칭에는 깊은 뜻이 담겨져 있다고 한다. '여보'의 '여'는 한자로 같을 여, '보'는 보배 보를 쓴다. 즉 '보배같이 귀한 사람'이란 뜻이고 '당신'은 '내 몸과 같다'라는 의미라고 한다. '마누라'는 '마주보고 누워라'의 준말이고, '여편네'는 '옆에 있네'에서 왔다고 한다. 이러한 호칭 하나에도 허투루 넘길 수 없는 깊은 뜻이 있다니 놀랍다. 우리가 공기나 물의 소중함을 평소에는 깨닫지 못하는 것처럼, 부부역시 매일 마주하다 보면 서로를 당연시 하게 된다. 그런 우리들에게 호칭의 유래는 배우자의 소중함을 언제까지나 되새기라는 교훈을 주고 있다.

어느새 아가씨라는 호칭보다 아줌마라는 말이 더 자연스러워진 여성들. 겉으로는 멀쩡하고 씩씩해 보일지 몰라도 그녀들의 마음 속에는 크고 작은 마음의 상처들이 조금씩은 앙금처럼 남아있다. 그 앙금을 녹일 수 있는 건 남편과 가족의 다정한 눈길과 진심어린 배려다.

오늘도 아내들은 밥을 짓고 청소를 하고 식구들을 챙기며 가족들이 집에서 편히 쉴 수 있게끔 보살핀다. 이는 가족을 사랑하는 마음에서 우러나오는, 대가를 바라지 않는 헌신이다.

하지만 한쪽의 일방적인 헌신만이 계속되고 정서적인 보상을 받지 못한다면, 헌신은 어느새 분노와 원망으로 변할 것이다.

아무리 고단하고 힘들어도 자신의 마음을 알아주는 이가 있으면 힘이 난다. 여자들을 행복하게 만드는 건 명품백도 비싼 구두도 아닌 남편들의 따뜻한 말 한마디이다. 남편이 "사랑한다." 혹은 "고맙다"고 말할 때, "요즘 힘들지?"하며 손을 잡아줄 때 아내들의 피로는 눈 녹듯 사라진다는 것을 남편들은 과연 알고 있을까?

02 집안일에도 밀당은 필요하다

한때 금요일 저녁마다 우리 가족을 TV 앞으로 불러들였던 프로가 있다. KBS 2TV의 「스펀지」라는 프로그램이다. 다양한 주제와 실험으로 일상생활에 유용한 지식을 재미있게 전달해 주었기 때문에 나 역시 매우 즐겁게 시청했다. 언젠가 「스펀지」에서 '집에서 손 하나 까닥 안하는 남편 일 시키는 방법'이라는 주제의 실험이 방영된 적이 있었는데, 그 내용이 인상적이어서 지금까지도 기억에 남는다.

실험에서는 평생 단 한 번도 집안일이라고는 해본 적 없는 권위적인 남편들이 출연했다. 이날의 미션은 이 남편들로 하여금 집안일을 돕게끔 만드는 것이었다. 놀랍게도 간단한 방법으로 남편들에게 집안일을 시킬 수 있었는데, 그 비결은 바로 '해야 할 일을 구체적으로 알려주는 것'과 '마감 시간'을 정해주는 것이었다.

실험에 참가한 아내들은 남편에게 "몇 시까지 마루 걸레질을 해주세요." 혹은 "몇 시 몇 분까지 빨래를 개어주세요."라고 남편에게 마감시한을 정해주며 해야 할 일을 구체적으로 지시했다. 남편들은 처음에는 '감히 나에게 집안일을 시키다니?'라는 듯 당황하는 눈치였다. 하지만 곧 시간을 확인하고는 슬금슬금 부탁받은 일을 하기 시작했다.

여기서 눈여겨볼 점은, 부탁을 받고 남편이 바로 하지 않아도 아내들이 결코 독촉하지 않았다는 점이다. 지나가면서 힐끔 곁눈질만 했을 뿐 아내들은 잔소리를 하지 않았다. 결과는 어떻게 되었을까? 남편들 모두 정해진 시간 안에 훌륭히 집안일을 마무리했다.

신혼 초부터 줄곧 가사분담을 놓고 남편과 끊임없이 다투던 내게 그날 방송은 신선한 충격이었다. 저런 간단한 방법으로 남편을 움직일 수 있다니! 나도 꼭 써먹어 보리라 마음먹었다. 한편으로는 우리나라 남자들이 얼마나 집안일을 나 몰라라 했으면 집안일 시키는 방법까지 방송이 될까 싶어 기가 찼다.

아내들에게 '결혼생활이 행복한가?'라고 묻는다면, 많은 여성들이 '그렇다'라고 대답할 것이다. 사랑하는 남편과 아이와 함께하는 것만으로도 행복하니까. 그러나 누군가의 아내, 엄마로서의 역할이 수월하냐고 묻는다면, 선뜻 '그렇다'라고 대답하기 어려울 것이다.

나 또한 선뜻 그렇다고 대답하지 못하겠다. 내 남편 역시 스펀지에 나왔던 남편들과 별반 다르지 않다. 평일은 물론이거니와 휴일에도 내가 세끼 밥 차리고 청소하고 빨래하는 동안 남편은 누워서 자기 바쁘다.

연애하던 시절, 친구들 여럿과 함께 서울 근교 펜션으로 놀러 갔었던 적이 있다. 저녁 식사 시간, 모두 요리를 하고 상을 차리느라 분주한데 남편만 소파에 누워있는 것이 아닌가? 게다가 상을 차리고 있는 일행에게 '이 것 가져와라', '저건 저렇게 하면 안 된다'며 잔소리까지 했다. 그때만 해도 나는 남편이 장난을 치는 줄로만 알았다.

그러나 그것이 장난이 아니었다는 것을 깨달은 것은 결혼하고 얼마 지나지 않아서였다. 결혼 후에도 남편의 게으름(?)은 계속되어 샤워할 때 쓴 수건, 갈아입은 옷, 다 먹은 과자봉지, 물컵 등 자신이 사용한 물건들을 도무지 제자리에 갖다 놓을 줄을 몰랐다. 덕분에 남편의 주변에는 항상 쓰레기가 있었다.

남편의 귀차니즘 때문에 무거운 짐이나 택배들도 나 혼자 낑낑거리며 옮기다 보니 어느새 그런 일들이 자연스럽게 내 차지가 되었다. 덕분에 팔 힘이 세졌으니 이걸 남편에게 감사해야 할지. 어쩔 땐 내 자신이 초라하게 느껴질 때도 있었다. 결혼 후 우리가 얼마나 많이 다퉜는지는 굳이 말하지 않아도 짐작할 수 있을 것이다. 요즘에는 빨래 개기나 청소는 일주일에 한 번 정도 같이 하니 그나마 많이 발전한 셈이다. 하지만 앞으로도 갈 길은 까마득하다. 우리 부부는 결혼 5년이 지난 지금까지 이 문제로 매번 티격태격하고 있다.

요즘 아내들의 삶을 바라보고 있자면, 그녀들이 어깨에 드리워진 삶의 무게가 어쩌면 우리 어머니 세대 때보다 훨씬 무거울지도 모른다는 생각이 든다. 적어도 어머니 세대에는 아이들 잘 키우고 내조만 잘하면 되었으니까. 물론 경제적으로 어려운 경우 어머니들이 생업전선에 뛰어들기도 했다. 그러나 그 시절의 어머니들에게 경제활동은 필요조건이 아닌 충분조건이었다. 그러나 요즘의 현대 사회는 아내들에게 살림과 육아, 경제활동도 남편과 똑같이 하기를 요구한다.

물론 여성의 경제활동은 바람직한 일이다. 하지만 가사나 육아 분담에 대한 남자들의 인식이 개선되지 않은 상태에서, 기혼여성이 사회생활을 할 수 있는 시스템이 체계화되지 못한 사회에서 경제활동을 하는 것은 여성들에게 엄청난 부담으로 다가온다.

그렇기에 남편과 집안일을 분담하는 것은 매우 중요한 문제이다. 뜨거운 감자와 같은 가사분담 문제. 사람들은 외벌이 가정의 남편들은 집안일을 하지 않고, 맞벌이 가정의 남편들이 집안일을 많이 할 것이라고 생각한다. 과연 그럴까?

통계청이 발표한 「한국 사회동향 2012」 보고서에 따르면, 맞벌이 남편의 가사노동 시간은 평균 17분에 그친다. 외벌이 남편의 가사 노동 시간은 11분이니 고작 6분 정도밖에 차이가 나지 않는다. 한마디로 맞벌이나 외벌이나 남편들이 집안일 안 하는 건 비슷하다는 말이 된다.

이에 비해 맞벌이 가정의 아내의 가사노동 시간은 평균 2시간 23분으로 남편보다 무려 8배나 많은 시간을 집안일을 하는 데 보낸다. 아내들은 퇴근 후 집에 돌아오기가 무섭게 어질러진 집안을 청소하고 아이들 저녁식사 차리기 바쁘다. 퇴근 후가 더욱 바쁜 것이다.

가사 일에 대한 사람들의 인식이 바뀌지 않는 한 가사분담 문제는 해결될 수 없다. 여성들마저도 남편이 집안일을 '도와주지 않는다.'고 말한다. 집안일을 '분담'한다고 하지 않고 '도와' 준다고 표현하는 이면에는 '집안일은 원래 남자의 일이 아니다'라는 생각이 밑바탕에 깔려 있는 것이다. 남자들은 집안일의 책임감과 의무에서 한발 짝 물러서 있다. 시간이 나면 도와주고, 시간이 없거나 피곤하면 못 도와준다고 생각하기에 가사분담은 부부싸움의 원인이 될 수밖에 없다.

'부부가 똑같이 나가서 돈을 벌어야 하지만 집안일은 여자의 차지'라는 이중적인 잣대를 들이대는 남자들. 남자들의 이런 사고방식 때문에 아내들은 더욱 힘이 든다. 이러한 모순을 일찍 눈치 챈 일부 미혼여성들이 "결혼을 하지 않겠다."고 선언하기도 한다. 이들이 독신을 부르짖는 것도 무리는 아니다.

여담이지만, 나는 딸에게 반드시 '독립해서 혼자 살아본 남자와 결혼하라'고 조언할 것이다. 내 딸 역시 성인이 되면 독립시킬 생각이다. 아무래도 독립해서 자취를 해본 남자들이 집안일에 대한 거부감이 적고 아내와 분담을 잘한다.

자기가 어지른 물건들을 자기가 치우지 않으면 쓰레기는 언제까지나 그대로 있다는 것을 머리로 아는 것과 직접 경험하는 것은 천지차이이다. 자기 손으로 자기 양말도 빨아보고 쌀을 씻어 밥도 지어봐야 한다. 내가 손을 놓으면 집안이 어떻게 돌아가는지 겪어 봐야 살림하는 사람의 노고와 고마움도 깨닫게 된다. 이러한 경험을 해본 사람은 집안일을 '자기가 해야 할 일'로 생각하기 때문에 결혼 후 가사분담 문제로 다툴 일이 적다. 누가 시키지 않아도 스스로 알아서 하기 때문이다.

이제는 남자들도 사고방식을 바꿔야 할 때다. 부부란 서로의 짐을 나누어지고 살아야 할 평생지기 아니던가? 아직도 집에서 누워 손 하나 까닥 안 하고 대접받기를 바라는 남편들에게 가수 이적의 엄마로도 유명한 여성학자 박혜란 교수가 쓴《여자와 남자》의 일부를 들려주고 싶다.

"냉정하게 말하자면 요즘 같아선 집안일 따위에 신경 쓰지 말고 당신은 나가서 돈만 열심히 벌어 오라고 요구하는 것이 남자에게 슈퍼맨이 되기를 강요하는 것이 아닐까 한다. … (중략) … 따라서 남자에게 돈벌이만이 아니라 집안일을 나눠 하기 바라고 또 소위 남자다움의 특성이라고들 하는 강함만을 요구하지 않고 부드러움까지 요구하는 건 거꾸로 남자로 하여금 슈퍼맨의 자리에서 내려와 보통 맨으로 함께 살자고 친절하게 권유하는 셈이다."

03 남자들이 정신 바짝 차리고 긴장해야 하는 이유

어느 방송에서 「대한민국의 답답한 남편 유형」을 소개한 적이 있다. 아내들을 속 터지게 만드는, 말이 안 통하는 남편 유형에는 크게 5가지가 있다는 것이다. 당신의 남편은 어디에 속하는지, 읽으면서 한번 생각해 보시라.

첫째, 민속촌 남편

말끝마다 '여자가 말이야…', '모름지기 아내란…', '우리 엄마는…'을 달고 사는 스타일. 마치 조선 시대에서 타임머신을 타고 온 듯한 보수적인 사고방식을 갖고 있는 남편.

둘째, 백화점 남편

밥 달라, 물 달라, 내 양말 어디 갔냐 등 아내 없이는 아무것도 하지 못하는 스타일. 요구조건이 많은 피곤한 남편 유형이다. 아내를 수행비서로 쯤으로 여기는 듯하며 자기 손으로는 양말 한 짝도 못 찾는다.

셋째, 성형외과 남편

아내를 자신의 입맛에 맞게 뜯어고치려는 남편. 매사 아내의 행동을 시시콜콜 지적하고 잔소리를 한다. 정작 본인은 완벽하지 않다는 것이 함정. '뭐 묻은 개가 뭐 묻은 개를 욕한다.'는 속담을 들려주고 싶은 스타일의 남편이다.

넷째, 한국은행 남편

쌀값 얼마, 배춧값 얼마, 미용비 얼마…. 일일이 보고하게 해서 빠듯하게 생활비를 주는 남편. 아내와의 관계 역시 철저하게 따지고 계산한다. 자신을 위해 새벽부터 일어나 매일같이 살림하고 밥하는 아내에게 인건비는 제대로 주고 있는지 묻고 싶다.

다섯째, 나무꾼 남편

아내는 부모형제도 없이 하늘에서 뚝 떨어진 선녀인 줄 아는 스타일. 시부모랑 남편에게만 올인하고 친정에 신경 쓰는 것을 못마땅하게 여기는 남편들이 여기에 해당한다. 아내도 누군가의 딸이다. 여자들은 이런 스타일의 남편에게 오만정이 다 떨어진다.

당신의 남편은 어디쯤 속하는가? 대한민국 남자들 대부분이 이 중 한두 가지에는 해당하지 않나 싶다. 그래도 여기까지는 애교로 봐줄 만하다. 다음에 소개하는 남편들 같은 경우는 정말로 아내 속을 시커멓게 타들어 가게 한다.

결혼 2년차 주부인 지희의 남편은 게임이 유일한 낙이다. 남편은 직장에서 쌓인 스트레스가 많다며 게임이라도 해야 살 것 같다고 한다. 적당히 한다면야 나쁠 것이 무엇이 있겠는가? 문제는 게임을 좋아해도 너무 좋아한다는 것이다.

남편의 일과는 단순하다. 퇴근해 집에 돌아오면 서둘러 저녁을 먹고 컴퓨터 앞에 앉는다. 어떨 땐 컴퓨터 앞에 앉은 채로 식사를 할 때도 있다. 저녁 8시쯤 시작된 게임은 새벽 2~3시까지 계속된다. 밤새도록 게임을 하고 출근한 날도 셀 수 없이 많다. 주말에도 마찬가지. 남편은 하루 종일 컴퓨터 앞에 앉아 식사시간을 제외하고는 밖으로 나오지 않았다.

화도 내보고, 눈물로 호소도 해보았지만 그럴 때만 잠시뿐, 남편은 게임에서 헤어 나올 줄을 몰랐다. 연애하던 때에도 게임 좋아하는 걸 알고 있긴 했지만, 이 정도인 줄은 몰랐다. 결혼 전 다정하던 남편의 모습은 온데 간대 없이 사라져 버렸다.

남들처럼 남편과 다정하게 대화를 하고 차도 마시고, 산책도 하는 평범한 일상을 꿈꿨지만, 남편에게는 게임이 더 소중한 듯 보였다. 그녀는 이제 '게임'이란 말만 들어도 분통이 터진다. 초등학생도 아닌데 게임에 미쳐서 사는 남편을 보면 한심하기 짝이 없었다. 그리고 외로웠다.

남편이 정신을 차리기 시작한 건 지희의 입에서 '이혼'이라는 단어가 나오면서부터였다. '이혼하자'는 말이 농담이라고 생각했던 그는 그녀가 내미는 이혼서류를 보고 나서야 사태의 심각성을 깨닫기 시작했다. 결국 양가에서 한바탕 난리가 났고 남편은 "다시는 게임을 하지 않겠다."며 싹싹 빌었다. 그 후 집에 있는 컴퓨터는 없애버렸고 남편은 게임중독을 고쳤다. 나중에 그는 지희에게 말했다.

"문득 '만약 내 딸이 나 같은 남자랑 결혼한다면 행복할까?'라는 생각이 들었어. 시간이 갈수록 가정에 소홀한 내가 정말 미안해지더라."

요즘 그들 부부는 함께 많은 시간을 보내며 관계를 회복하고 있다. 하지만 지희의 마음 한구석에는 아직도 불안감이 남아있다. 남편의 게임 중독이 언제 또 재발할지 모르기 때문이다.

다른 문제로 속을 썩이는 남편도 있다. 결혼 6개월 차 새댁인 성현은 얼마 전 남편으로부터 황당한 이야기를 들었다. 빚이 6,000만 원이나 있다는 것이다. 결혼 전 대출을 받아 주식을 했던 적이 있었는데, 잘못 투자해서 이렇게 되었다고 했다. 성현은 충격과 배신감에 손이 덜덜 떨렸다.

성현은 남편이 그렇게 큰 빚을 숨기고 자신과 결혼했다는 점에 배신감을 느꼈다. 시어머니도 이 사실을 알고 있었다. 사실 결혼 비용은 남편의 돈이 아니라 시어머니의 집을 담보로 마련한 것이었다.

시어머니는 성현에게, "너희 시아버지가 이 사실을 알면 부자간의 연을 끊자고 할 것이다. 절대 시아버지에게 말해서는 안 된다. 내가 좀 도와줄 테니 이 일은 비밀로 하고 우리 셋이 안고 가자."라고 말했다. 남편을 사랑했고 믿었기에 그녀는 이 위기를 극복해나가기로 결심했다. 다행히 성현의 연봉이 적지 않았기 때문에 둘이 열심히 벌어 매달 상환하면 오래지 않아 갚을 수 있을 것이라고 생각했다.

그런데 이게 끝이 아니었다. 얼마 후 남편에게 빚이 1,000만 원이 더 있다는 사실을 알게 되었다. 이건 또 뭐냐고 다그치는 성현에게 남편은 도리어 화를 냈다. 취미 삼아 스포츠 도박을 조금 했을 뿐이라는 것이었다.

얼마 후 남편의 핸드폰을 보다가 대출금이 3,000만 원이 더 있다는 것을 알게 되었다. 까도까도 계속 나오는 양파껍질처럼 자꾸만 여기저기서 튀어나오는 대출금에 그녀는 이제 노이로제에 걸릴 지경이 되어버렸다. 믿어보려고 해도 도저히 믿음을 주지 않는 남편 때문에 신뢰는 바닥으로 떨어졌다. 그녀는 완전히 지쳐버렸다.

어디 대한민국에 철없는 남편 때문에 속 끓이며 사는 여자가 지희와 성현뿐일까? 외국 속담 중에 '결혼생활을 하며 남자는 전과가 쌓이고 여자는 한이 쌓인다.'는 말이 있다. 앞의 두 남편처럼 게임중독이나 빚 문제 같은 극단적인 사례가 아니더라도 아내 속을 썩이는 남편들은 수도 없이 많다. 이 철없는 남편들은 대체 언제쯤 철이 들까? 생각만 해도 한숨이 나온다.

"아내에게 이길 수 없다! 이기지 않는다! 이기고 싶지 않다!"

일본 도쿄의 어느 선술집. 정장 차림의 중년 남성 12명이 일제히 일어나 구호를 외친다. 이들 옆에는 '고마워, 미안해, 사랑해'라고 적힌 팻말이 놓여 있다. 우스꽝스럽기 그지없지만, 코미디 영화의 한 장면이 아닌 실제로 있었던 일이다.

2008년 1월 3일자「세계일보」에는 재미있는 기사가 실렸다. 바로 일본의 '전국헌신적남편협회'에 대한 기사였다. 앞서 구호를 외쳤던 남성들은 이 협회의 회원들로, 협회의 회원 수는 당시 4,700명에 이르렀으며 회원 등급은 아내에 대한 충성도에 따라 정해졌다고 한다.

'전국헌신적남편협회'가 생겨난 이유는 바로 황혼 이혼의 급증 때문이다. 2007년 4월 이후부터 시행된 '연금분할제도'는 이혼한 부인도 남편의 연금을 받아 갈 수 있도록 했는데, 그 금액은 최고 50%까지 가능하다. 이 제도가 시행되자마자, 그동안 참고 참았던 아내들이 앞다퉈 이혼을 하기 시작한 것이다.

졸지에 궁지에 몰린 일본의 중년 남자들은 살아남을 궁리를 하게 되었고, 그러한 노력의 일환으로 '전국헌신적남편협회'라는 단체도 생겨난 것이다. 이런 남편들을 일컬어 '누레오치바(젖은 낙엽)'라고 부르기도 한다. 어떻게든 아내 옆에 오래오래 붙어 있으려고 하는 모습이 마치 '쓸어도 쓸어도 쓸리지 않는 젖은 낙엽과 같다.'고 해서 생겨난 신조어다.

이들 '누레오치바'들은 해외토픽과 여러 서적에서 언급되었을 정도로 국제적인 유명세를 탔다. 이들을 보면 남자들의 위상이 어쩌다 이렇게 땅에 떨어졌나 싶어 안쓰럽다.

이쯤 되면 이웃에 있는 우리나라 남자들도 긴장해야 하지 않을까? 남의 일이라고 웃고만 있을 때가 아니다. 언제까지나 아내가 남편을 위해 밥상을 차려 주리라고 생각한다면 오산이다.

여자들이 속으로 '참을 인(忍)'자를 새기면서 묵묵히 남편을 내조하고 시부모를 모시며 살던 시대는 끝났다. 이제 남자들도 눈치껏 와이프에게 잘하고, 가정에 충실해야 한다. 그렇지 않으면 언제 퇴출당할지 모르는 일이다.

남편들이여, 긴장하라. 언젠가 당신들에게도 일본 남편들처럼 "아내에게 이기고 싶지 않다!"라는 구호를 처절하게 외칠 날이 오게 될지 모르니. 후회하기 전에 알아서들 철 좀 드시길.

04 여자는 '남의 편'이 아닌 '남편'에게 기대고 싶다

여자들이 최악의 결혼 상대로 생각하는 남자는 어떤 남자일까? 게임 중독자? 도박하는 남자? 틀렸다. 수많은 결혼 관련 설문조사에서 쟁쟁한 경쟁자들을 물리치고 결혼기피대상 1위를 차지한 남성 유형은 바로 '마마보이'이다. 다 커서도 엄마 치마폭에 싸여 자기 생각이나 주관 없이 무조건 엄마가 시키는 대로 끌려가는 나약하기 짝이 없는 남자.

이 마마보이들은 결혼해서도 부모에게 시시콜콜 보고하고 허락을 받으며 신혼집도 부모님이 사는 곳 근처에 얻는다. 생각만 해도 숨이 막힌다. 여자들이 어떻게 그런 남자를 믿고 의지할 수 있겠는가? 틈만 나면 엄마에게 달려갈 텐데.

그런데 우리나라 말고도 마마보이 문제가 심각해 사회 문제로까지 대두되고 있는 나라가 있다. 바로 이탈리아이다. 가족 간 유대가 유독 강한 이탈리아는 그야말로 마마보이의 천국이다. 몇 대에 걸친 가족이 똘똘 뭉쳐 살며 가업을 잇고, 자녀가 성인이 되어도(심지어 40이 넘어도) 부모들은 자녀를 독립시키지 않고 함께 산다.

이탈리아 남자들은 유독 엄마에게 의존하는 경향이 매우 강한데, 어머니는 아들의 결혼 후에도 합가하거나 이웃에 살며 사사건건 결혼생활을 간섭한다. 그러니 시어머니가 가정불화의 주된 원인이 될 수밖에 없다. 심지어 신혼여행에 동행하는 경우도 종종 있다고 하니 그 정도가 얼마나 심할지 짐작이 간다.

문제는 현재 이탈리아인들의 이러한 마마보이 성향이 사회 전반의 침체로까지 이어진다는 점이다. 젊은이들은 적극적이고 진취적인 사고방식을 갖고 자신의 문제를 독립적으로 해결하려 하기보다 부모에 기댄 채 현실에 안주하려고 한다. 그러다 보니 이탈리아 사회는 현실 외면, 책임회피, 나약함 등이 팽배한 분위기라고 한다.

이러한 우려 때문에 이탈리아의 공공관리부 장관이었던 레나토 브루네타는 이탈리아 사회의 고질적 문제인 마마보이 문제를 해결하기 위해 자녀가 성인이 되면 부모 곁을 떠나도록 하는 법률 제정을 추진하기도 했다.

심리학자인 안나마리아 카사네세는 "어머니와 지나치게 친밀하게 지내는 남성은 감정적으로 미숙한 경우가 많다."고 지적한다. 어릴 때부터 모든 일을 처리해 주던 어머니의 과도한 사랑에 길들어져 있던 남편은, 결혼 후 아내가 엄마처럼 모든 것을 다 해주길 기대한다. 스스로 온전하게 자아가 독립하지 못하다 보니 많은 부분을 남에게 의지하고 기대는 것이다. 그러나 세상 그 어디에도 엄마처럼 해줄 수 있는 아내는 없다. 때문에 결혼 후에도 사사건건 엄마와 아내를 비교하며 툭하면 엄마를 찾는다.

어디 이탈리아뿐일까? 우리나라에도 마마보이 기질을 갖고 있는 남자들이 많다. 이탈리아 못지않은 가족 중심 문화에 유교의 남아선호사상까지 더해졌기 때문이다. 우리나라 어머니들은 옛날부터 아들을 낳기 위해 갖은 애를 써왔고, 아들이 태어나면 애지중지 떠받들며 키웠다.

금이야 옥이야 키운 아들이 커서 결혼을 해도 어머니들은 아들을 놓아주지 않는다. 더구나 우리나라는 시가 중심의 문화이다. '마마걸'보다 '마마보이'가 좀 더 심각한 것은 바로 이 때문이다.

우리나라 마마보이의 특징은 처음부터 마마보이가 아니라 결혼 후 갑자기 효자로 돌변하는 케이스가 많다는 것이다. 우리나라 남자들은 보통 총각 시절에는 마마보이와는 거리가 멀다.

결혼 전까지 아들들은 무뚝뚝하기 짝이 없다. 집에서는 말수도 적고, 생전 부모에게 안부 전화도 하지 않는다. 친구들과 놀러 다니고 연애하느라 가정에 무심하기도 한다. 그런데 이렇게 무심한 아들도 결혼만 하고 나면 갑자기 효자로 변신해 안 하던 '효도'를 하기 시작한다.

여기서 효도가 문제가 되는 것은 이 '효도'가 정서적으로 균형 잡힌 성인이 하는 바람직한 '효도'가 아니라 잘못된 방식의 '효도'이기 때문이다. 그리고 이 잘못된 효도의 희생양이 되는 것은 다름 아닌 이들의 아내이다.

일부 남편들은 결혼하면 효도를 하기 보다는 효도를 가장한 이기심을 앞세운다. 아내와 아이들을 효도를 위한 방편으로 이용하는 것이다. 부모님이 키워준 장본인은 아내가 아닌 자기 자신인데, 자기가 직접 부모님께 효도하기 보다는 아내가 대신 하기를 바란다. 총각 시절 부모님에게 생전 전화 한 통 드리지 않았으면서 아내가 매주, 혹은 며칠에 한 번씩이라도 부모에게 안부 전화를 해주길 바라기도 한다.

시도 때도 없이 본가에 들르라는 부모님의 전화에 아내의 의사는 묻지도 않은 채 가족을 데리고 본가에 달려가는 남자들은 얼마나 많은지. 그것뿐인가. 시댁에 방문할 때면 자신은 방안에 누워 코를 골며 푹 자다 오면서, 아내와 아이들은 부모님과 대화도 하고 비위도 맞춰드리는 기쁨조 역할을 하기를 바란다. 심지어 무조건 일주일에 한번 씩 시댁에 아내와 아이들을 끌고 가는 남편도 있다.

이 얼마나 이기적인가! 종일 시댁에 있다가 집으로 돌아오는 길, 시부모님과 함께 있는 동안 긴장해 몸도 마음도 지친 아내는 녹초가 되지만, 부모님 집에서 늘어지게 자다 나온 남편은 오늘도 자신의 부모에게 효도를 다 했다는 생각에 뿌듯한 마음으로 발걸음을 옮긴다.

이런 남편들일수록 아내에게는 며느리 도리를 바라는 반면, 정작 자신은 처가에 전화 한 통, 방문 한번 안 하는 경우가 많다. 이 얼마나 이중적인가.

지인 중 한 명도 '효자 남편' 때문에 골머리를 썩이고 있다. 외아들인 그녀의 남편은 결혼 전만해도 마마보이와는 거리가 멀었다. 터프한 외모에 상남자의 포스가 철철 흘러넘치는 남자였다. 그러나 결혼을 하고 나서 그는 완전히 돌변했다.

남편은 부부 사이의 일도 시시콜콜한 것까지 시어머니에게 이야기했다. 그리고 저녁 메뉴나 안방 커튼 색상을 정하는 사소한 문제들도 그녀와 상의하기보다는 어머니의 의견을 구했다. 쉬는 날만 되면 시댁에 그녀를 데려갔을 뿐만 아니라 이사를 할 때에도 무조건 시댁과 가까운 동네를 택했다.

성격이 강한 시어머니와 그녀가 때때로 갈등을 빚을 때에도 남편은 그녀의 방패막이가 되어 주지 않았다. 오히려, "우리 엄마는 그런 뜻으로 이야기한 게 아닌데, 당신이 예민해서 그렇게 받아들이는 거야."라며 그녀를 탓했다.

결국, 그녀는 어머니 편만 드는 남편과는 도저히 평생을 같이 할 수가 없다고 결론을 내렸다. 이제 결혼 5년 차에 접어든 그녀는 차근차근 조용히 이혼 준비를 하고 있다. 남편에 대한 마음은 예전에 다 정리했다.

지금은 아이가 어리기 때문에 어쩔 수 없이 참고 살고 있지만, 아이가 어느 정도 크면 미련 없이 남편과 이혼할 생각이다. 아마도 남편이 변하지 않는 한 그녀의 결정이 번복되는 일은 없을 것이다.

이렇게 남편들의 잘못된 효도와 마마보이 행동은 가정불화의 원인이 된다. 남편이 아내의 입장은 고려하지 않은 채 자기 부모에 대한 마음만 앞세운다면, 부부 사이가 나빠지는 것은 당연한 결과이다. 불만을 품은 아내는 시부모를 존경과 애정으로 대할 리 없으며, 이러한 아내의 마음을 시부모가 눈치채지 못할 리 없다. 결국, 고부갈등으로까지 이어져 집안 분위기가 점점 더 악화될 것은 불을 보듯 뻔하다.

사실 아내들은 아무리 고부갈등이 심해도 남편이 든든한 방패막이가 되어 아내 편에 서준다면 그 어떤 힘든 상황이라도 감당할 수 있다. 남편의 위로와 지지가 아내에게는 그 어떤 것보다 힘이 되는 것이다. 그러나 대다수 효자 남편들은 아내가 어려움에 처했을 때 외면하고 자기 부모만 위한다. 고부 갈등의 진짜 원인은 시부모가 아닌 아내 편이 되어주지 않는 남편이다.

남편은 부모와 아내 사이에서 중간 역할을 잘해야 한다. 아니, 남편은 먼저 아내 편이 되어야 한다. 부모는 선택할 수 없지만 아내는 자신의 의지로 선택한 사람이기 때문이다. 상대방에 대한 믿음과 애정으로 맺어지는 것이 부부이다. 자신을 믿고 배우자로 선택해준 아내에게 등을 돌리고, 자기 부모에게 해야 할 효도를 아내가 대신하도록 강요하는 것은 남편으로서의 직무유기이자 자격 상실 사유다.

이쯤에서 남편들이 곰곰이 생각해 봐야 할 사실이 있다. 바로 '진정한 의미의 효도란 무엇인가?'라는 것이다. 동서고금을 막론하고 세상 모든 부모가 진정 바라는 것은 '자식의 행복'

아닐까? 사랑하는 사람과 결혼해서 오순도순 행복하게 사는 모습을 보여드리는 것. 이것이야말로 진짜 효도인 것이다.

부모에게 진정으로 효도하고 싶다면, 먼저 행복한 가정을 만들도록 노력해야 한다. 그러기 위해서 먼저 부모에게서 정신적으로 완전히 독립해야 한다. 부모가 가정사에 개입하면 결코 그 가정은 행복해 질 수 없다. 결혼한 이상 이제 모든 문제는 배우자와 의논해야 하며 결정을 내리고 책임지는 것 역시 부부가 해야 한다.

부모와는 어느 정도 거리를 두고 배우자와 가정에 집중해야 한다. 부모님이 원하시는 것을 무조건 다 들어 드려서도 안 된다. 책임져야 할 자기 가족이 있기 때문이다. 이제는 부모보다 아내와 아이의 입장을 우선적으로 고려해야 하는 것이다. 부모로부터 독립하고 부모에게 해드릴 수 있는 일과 못 해 드리는 일을 구분하는 것, 그것이 진정한 효도의 첫걸음일 것이다.

05 며느리라는 지독히도 불합리한 자리

몇 년 전 지인의 결혼식에서 "시어머니는 며느리를 딸처럼 여기지 말고, 며느리는 시어머니를 친정엄마처럼 여기지 말라."고 당부하는 주례사를 들었던 적이 있다. 당시 미혼이었던 나는 주례 선생님의 말씀이 이해가 가지 않았다. '고부간에 모녀처럼 사이좋게 지내면 좋을 텐데 왜 모녀처럼 생각하지 말라는 걸까?' 몇 년 후 결혼을 하고 나 역시 며느리가 되고 나서야 그 말이 어떤 의미인지 어렴풋이나마 이해할 수 있었다.

모임에서 만나 친하게 지내는 지인의 이야기이다. 어느 날 그녀는 감기 몸살에 걸려 집에서 쉬고 있었다. 그런데 어떻게 아셨는지 시어머니가 병문안을 온다고 전화를 해왔다. 아무리 병문안이라고 해도 시어머니가 오신다는데 어느 며느리가 편히 있을 수 있겠는가? 부담스러운 마음에 괜찮다고 오시지 말라고 말씀드렸지만, 시어머니는 끝까지 가겠다며 부득부득 우겼고, 결국 그녀의 집을 방문했다.

역시나 시어머니는 아파서 누워있는 며느리에게는 관심이 없었다. 시어머니는 손자가 보고 싶어 병문안을 핑계대고 온 것이었다. 손자의 재롱을 보던 시어머니는, "집안 꼴이 이게 뭐냐? 내가 몇 시간 애를 봐줄 테니 그동안 집안 청소 싹 해 놔라."하고 일을 시켰다. 그녀는 결국 아픈 몸을 이끌고 예정에도 없던 집안 대청소를 해야 했다.

고등학교 동창 A는 얼마 전 시댁에서 시어머니를 도와 저녁 준비를 하고 있었다. 상을 다 차리고 거실로 옮기려는데 찬이 많이 올라가 있어 혼자 들기에 벅찼다. A는 마침 거실에 누워있던 남편에게 상을 좀 옮겨달라고 부탁을 했다. 그런데 시어머니가 그 말을 듣더니, '피곤해서 쉬고 있는 애한테 왜 일을 시키냐'며 A보고 상을 옮기라고 했다. 산만한 덩치의 남편을 두고 자그마한 체구의 자신에게 무거운 걸 들라고 하다니, 돌이켜 보면 시어머니는 언제나 남편을 두고 그녀에게만 힘든 일을 시켰다. 그녀는 서러움에 눈물이 나오는 걸 꾹 참을 수밖에 없었다.

조용하고 차분한 성격의 C는 시댁에 안부 전화를 드릴 때마다 스트레스를 받는다. 시아버지가 애교 넘치고 싹싹한 옆집 며느리 이야기를 하면서 은근히 그녀와 비교를 하기 때문이다. '그 집 며느리는 성격이 애교 있고 싹싹해서 부럽더라.', '얼마나 똑 부러지는지 살림도 잘하고 애 교육도 잘 시키더라.' 등…. 나름대로 시부모님께 잘해드리려고 하는데, 이렇게 다른 며느리들과 비교당할 때면 그나마 시댁에 조금이라도 잘 하고 싶던 마음마저 싹 사라진다.

이런 이야기들을 들으면 역시 며느리는 딸이 될 수 없구나 하는 생각이 든다. 몇 년 전 한 온라인 주부 커뮤니티에서 「시어머니와 친정엄마의 차이」라는 제목의 글이 올라와 주부들로부터 열렬한 호응을 받았던 적이 있다. 그 내용을 일부 소개하고자 한다.

「시어머니와 친정엄마의 차이」
- 출산 후 산후조리 시 식사를 챙겨 주며
  시어머니 : "밥 잘 챙겨 먹어. 잘 먹어야 젖이 잘 나오지."
  친정엄마 : "밥 잘 챙겨 먹어. 잘 먹어야 네 몸이 빨리 회복되지."

- 반찬을 주는 경우
  시어머니 : (생콩을 주며) "이거 생콩이란다. 갈아서 두부 만들어

먹으렴."
친정엄마 : (두부를 주며) "생콩을 갈아서 두부로 만들었단다. 오늘 저녁에 먹으렴."

- 시댁에 방문했을 때
  시어머니 : (점심식사 후 집에 가려고 일어서자) "더 있다가 저녁 먹고 가."
  친정엄마 : (점심식사 후 집에 가려고 일어서자) "그래, 피곤할 텐데 얼른 집에 가서 쉬어."

아마도 결혼한 여성이라면 이와 비슷한 상황을 한번 쯤 경험해 본 적이 있을 것이다. 친정엄마는 딸을 챙기고 시어머니는 며느리보다 아들과 손주가 우선이다. 그것은 어쩔 수 없는 자연의 섭리일 것이다. 아무래도 남의 자식보다는 자기 친자식이 더 사랑스럽지 않겠는가? 하지만 머리로 이해한다고 해도 차별을 겪을 때면 한편으로는 서운한 것이 사실이다.

시댁식구들과의 관계만으로도 어려운데 며느리들에게 요구되는 도리도 많다. 사위들은 처가에 백년손님으로 가지만 며느리는 시댁 일꾼으로 간다. 사위는 처가에서 편히 쉬어도 며느리는 시댁에 가면 일을 거들어야 한다. 사위는 생전 처가에 안부전화를 하지 않아도 며느리는 시댁에 안부전화를 해야 한다.

대한민국에서 며느리 노릇 하기란 정말이지 쉽지 않다.

인터넷에서 시부모를 대할 때 "직장 상사를 모시듯 대하라."는 조언하는 글을 읽었는데, 진심으로 공감이 되었다.

"직장 상사 대하듯 미소를 띠고 공손하게 대하되, 기대하지 말고 마음속으로 적당히 선을 긋는다. 시부모로부터 상처가 될 만한 말을 들었다면 가슴 속에 묻어두지 말고 그냥 한귀로 듣고 한귀로 넘겨라. 정도가 너무 심하거나 부당한 요구를 받았다면 당당히 할 말은 하라⋯."

어떤가, 현실적인 조언이지 않은가? 하지만 모든 고부간이 다 어렵고 힘든 것은 아니다. 바람직한 고부관계의 예도 있다. 『나는 죽을 때 까지 재미있게 살고 싶다』의 저자이자 정신과 전문의인 이근후 교수는 아들 가족들과 함께 집을 지어 살고 있다. '예띠의 집'이라고 이름붙인 이 가족공동체의 세대는 총 5세대. 이들은 같은 건물에 살고 있지만 각각 독립된 집에 거주하고 있으며 각자의 사생활을 보장받으며 사이좋게 지내고 있다.

이들이 10년이 넘도록 한 건물에서 고부갈등 없이 사이좋게 지낼 수 있는 데는 특별한 이유가 있다. 이근후 교수 부부의 독특한 철학 때문이다. 같은 지붕아래 살지만, 일주일이 넘도록 얼굴 한번 못 보는 경우가 허다하고, 가족모임도 사전에 미리

공지를 해서 합의가 된 날에만 가능하다.

가족이라는 이유로 마음대로 집을 방문 하는 것도 금지다. 오히려 가족이기 때문에 아들 집이라도 더욱 예의와 규칙을 지킨다. 며느리라고 시부모의 말에 무조건 복종하지 않는다. 이 교수는 며느리들이 시집왔을 때 '노'라고 말하는 것부터 가르쳤다.

때문에 며느리들은 자유롭게 의견을 개진하며, 시부모의 부탁이라도 "아니오."하고 단칼에 거절한다. 며느리가 거절한다고 해도 이교수 내외는 결코 서운하게 생각하지 않는다. 이렇게 합리적이고 자유로운 분위기가 가능하니 며느리들이 먼저 적극적으로 시부모와 한 건물에서 같이 살자고 추진했고, 이렇게 '예띠의 집'이 탄생한 것이다.

이근후 교수 가족의 이야기가 우리에게 시사하는 바는 크다. 만약 이 교수 부부가 다른 시부모들처럼 시부모와 며느리 사이를 상하관계로 보고 마음대로 사생활을 간섭하거나 의무를 강요했다면, 며느리들이 시부모에게 이렇게 마음을 열고 함께 살자고 제의할 수 있었을까? 아마 절대로 그런 일은 없었을 것이다.

이처럼 먼저 시부모가 권위를 내려놓고 상하관계가 아닌 동등한 관계로 며느리를 존중한다면, 그리고 열린 마음으로 대한다면 며느리들 역시 마음을 열게 되어 있다. 멀고도 어려운 고부간이 가장 가깝고도 아름다운 사이가 될 수 있는 것이다.

 대한민국에서 며느리로 살아가기란 쉽지 않다. 다들 처음에는 좋은 며느리가 되기를 꿈꾸다가도 시간이 지나면 상처받고 실망하면서 점차 마음을 닫아간다. 이제는 좀 바뀌어야 하지 않을까? 존경받길 원한다면 먼저 아랫사람을 존중하면 된다. 사랑받고 싶다면 먼저 사랑을 베풀면 된다. 며느리들도 시부모에 대한 존경심을 가지고 대해야겠지만, 시부모 역시 연장자로서 먼저 손을 내미는 포용력이 필요하다. 부족하면 부족한대로 인정하고 서로를 감싸고 가족으로 받아들이는 것. 이것이야 말로 윗세대와 우리세대가 모두 갖춰야 할 미덕 아닐까?

06 명절의 끝에서 탈출을 외치다

혜주 씨는 9월과 2월 달력을 보면 가슴이 답답해지고 숨이 막힌다. 그달에 주로 추석과 설이 있기 때문이다. 너무 싫은 나머지 이젠 명절이 끼어 있는 달의 달력만 봐도 심장이 먼저 반응을 한다.

혜주 씨가 처음부터 명절을 싫어했던 것은 아니다. 결혼 전에는 며칠씩 푹 쉴 수 있고, 오랜만에 반가운 친척들도 만날 수 있는 명절이 좋았다. 그녀는 연휴가 길면 가까운 해외로 여행을 다녀오기도 했다. 그러나 결혼을 하고 나서부터는 명절에 대한 생각이 달라졌다.

혜주 씨의 시아버지는 집안 장손이다. 그래서 명절이면 온 일가친척이 방문을 한다. 손님이 많아서 손님상을 7~8번씩 차린다. 준비하는 음식의 양과 가짓수도 어마어마하다. 주방 밖으로 나갈 새도 없이 하루 종일 음식을 준비하고 설거지를 하다 보면 정신이 아득해질 지경이다. 첫 아이를 임신했을 때에는 만삭의 몸으로 하루 종일 쪼그리고 앉아 일을 하다 쓰러져 위험할 뻔했던 적도 있다.

명절 전날, 혜주 씨를 비롯한 집안 여자들이 분주하게 일하는 동안 남편을 비롯한 남자들은 거실에서 TV를 보거나 고스톱을 친다. 늦은 밤이 되어 겨우 일에서 해방된 혜주 씨는 남편 곁으로 가지만, 무심한 남편은 학교 동창 친구들과 약속이 있다며 집을 나선다.

명절 때마다 그녀는 마치 자신이 이 집안의 하녀가 된 것 같은 생각이 들어 괜히 서러워진다. 명절이 끝나고 집으로 돌아오는 길, 차 안에서 어김없이 부부싸움이 벌어진다. 그녀는 며칠간 쌓인 스트레스를 남편에게 쏟아 붓는다.

어린 시절, 명절은 생일만큼이나 신 나는 날이었던 것으로 기억한다. 고기며, 온갖 전이며, 떡, 약과 등 맛있는 음식들을 실컷 먹을 수 있어 신 났고, 오랜만에 일가친척들이 모여 안부를 묻고 즐거운 시간을 보내는 것도 즐겁다. 어른들이 천원이

나 이천 원씩 용돈을 손에 쥐어주시면 세상에서 제일가는 부자가 된 것 같았다.

그때는 몰랐다. 엄마가 얼마나 고되고 힘들게 명절을 보내셨을지. 엄마를 비롯한 여자 어른들의 얼굴이 마냥 밝지만은 않았던 이유를 어린 내가 알 턱이 없었다. 딸들은 결혼하고 명절을 지내고 나면 비로소 엄마가 얼마나 고생하셨을지 깨닫게 된다.

며느리들에게 없애고 싶은 풍습이 무엇인가 하고 묻는다면, 이구동성으로 '명절', 혹은 '제사'라 말할 것이다. 명절 음식을 안 해본 사람들은 고작 하루 이틀 일 하는 것이 뭐가 힘드냐고 반문한다. 그러나 직접 일을 한번 해보면 생각이 달라진다. 음식 준비는 생각보다 힘들고 고된 노동이다.

그러다 보니 며느리들에게 '명절'은 달갑지 않다. 명절 이야기만 나와도 해도 속이 메슥거리고 가슴이 두근거리는 증상을 일컫는 '명절 증후군'이라는 단어도 생겼다. 이런 증상을 겪는 사람들이 꽤 많은지 해마다 명절이 되면 방송에서 '명절 증후군'에 대해 집중적으로 다루기도 한다.

여자들은 며칠 전부터 여러 번 장을 보고 재료를 손질해 음식을 준비한다. 만들어야 하는 음식의 가짓수는 수십 가지. 명절 당일은 꼭두새벽부터 일어나 차례상을 차리고 손님상을 내오고 뒷정리하기를 반복한다. 전쟁 같은 명절을 치르고 나면 남는 건 피로와 통증뿐이다.

왜 이 모든 노동이 여성의 몫이어야 하는지 의문이다. 엄밀히 따지고 보면 차례는 남편의 조상에게 지내는 것인데 정작 남자들이 하는 일이라고는 절하는 것뿐이다.

며느리들이 명절을 반기지 않는 이유는 또 있다.

은수 씨는 결혼 3년차 새댁이다. 은수 씨의 시댁은 차례를 지내지 않고 가족들이 먹을 음식만 간단히 몇 가지 준비한다. 때문에 명절이 딱히 힘들거나 부담스럽지는 않다. 하지만 그렇다고 해서 그녀가 명절을 반기는 것은 아니다. 친정에 가는 문제로 시어머니와 신경전을 벌여야 하기 때문이다.

명절 당일, 시댁에 있다가 친정에 가려고 일어서는 그녀와 남편을 시어머니가 붙잡는다. 시집간 시누이가 올 때까지 기다렸다가 얼굴 보고 가라는 것이다.

시어머니 만류에 그녀와 남편은 어쩔 수 없이 주저앉아 시누이를 기다린다. 하지만 낮에 일찍 온다던 시누이는 저녁이 다 되어서야 온다. 시누이와 인사를 나누고 친정에 가려고 나서면, 또다시 시어머니는 "저녁 먹고 가라."고 잡는다. 딸과 사위가 언제 오나만 기다리고 있을 친정 부모님 생각에 그녀는 애가 타지만, 눈치 없는 남편은 얼씨구나 하고 다시 눌러앉아 시어머니가 차려주는 밥상을 받는다.

어느새 늦은 밤이 되자 시어머니는 "오늘은 사돈도 피곤하실 게다. 밤이 늦었으니 친정에는 내일 가라." 라며 만류한다. 그리고는 내일 저녁에 다 같이 저녁을 먹자며 시댁에 오라고 말한다. 결국 은수 씨는 다음날 오전, 친정에 잠깐 얼굴을 비치고 시댁으로 향할 수밖에 없었다. 매번 이런 일이 반복되니 명절이 달가울 리가 있겠는가.

며느리는 부모도 없이 하늘에서 뚝 떨어진 것으로 착각하는 시부모들이 꽤 많이 있다. 아들과 며느리가 시댁에는 오래 머물기를 바라면서, 친정에 가는 것은 달가워하지 않는 것이다. 명절날 시댁식구들이 화기애애하게 있는 모습을 보면 자기 친부모를 떠올리게 되는 것은 당연한 일이다. 그런데 시부모가 내 부모 만나러 친정에 가는 것도 눈치를 준다면 며느리들이 어떻게 생각할까?

자기 자식 귀하면 남의 자식도 귀한 줄 알아야 하지만 이를 깨닫지 못하는 사람들이 많다. 자기 딸은 빨리 친정에 오기를 바라면서 며느리는 늦게 갔으면 하는 얄팍한 이기심과 못된 심보를 드러낼 때, 며느리들은 '역시 시월드는 어쩔 수 없구나.'라고 느낀다. 그리고 이런 일들을 수차례 겪으면서 아내들은 점차 시댁에 마음의 문을 닫게 된다.

명절 직후 이혼율이 평소보다 14%나 높아진다는 조사 결과는 명절이 며느리들에게 얼마나 스트레스로 작용하는지 보여주는 대목이다.

그나마 다행인 것은 시대가 변하고 있다는 점이다. 명절 풍습이 점차 간소화되고 있으며, 남자들이 명절 준비를 함께하는 가정도 많아지고 있다. 며느리들도 더 이상 무조건 시부모가 시키는 대로 따르지 않는다. 아무리 시부모의 말이라도 합리적이지 않다고 판단될 때는 당당히 자신의 의견을 피력한다.

명절날 며느리가 "친정 부모님이 기다리시니 가보겠습니다."라고 말씀드리고 시댁을 나서는 풍경도 볼 수 있다. 며느리들은 음식을 준비할 때에도 '이것 좀 같이 하자'고 남편의 참여를 유도하기도 한다. 불합리한 풍습을 바꿔나가야 할 사람은 바로 며느리 자신들이라는 것을 자각하고 있는 듯하다.

이렇게 조금씩 변화의 물꼬가 트이고 있는 것은 환영할 만한 일이다. 하지만 기존의 전근대적인 사고방식을 가진 시월드는 아직도 많다. 가야 할 길이 먼 것이다.

마지막으로 한 편의 시를 소개한다.

얼굴 못 본 니네조상 음식까지 내가하리
나자랄 때 니집에서 보태준거 하나있니
며느린가 일꾼인가 이럴려고 시집왔나

집에 있는 엄마아빠 생각나서 목이 메네
남편 놈은 쳐누워서 TV보며 낄낄대네
뒤통수를 까고 싶네 날라차서 까고 싶네
집에 가서 보자꾸나 등판에다 강스매싱
마구마구 날려주마

이 시를 처음 접했을 때, 나는 웃음을 터뜨리지 않을 수 없었다. 우리네 가정의 명절날 모습을 어찌나 디테일하게 잘 묘사했는지, 어쩜 이렇게 며느리들의 심정을 콕 집어 표현했는지…. 노동에 지친 며느리들의 한 맺힌 심정이 절절히 느껴지는 듯하다.

역사적으로 봐도, 부조리함과 부당함을 뼈저리게 겪은 사람들이 세상을 변화 시켜왔다. 결국 잘못된 명절 문화를 바꿔나갈 사람은 며느리들인 것이다. 며느리들이 원하던 원하지 않던 앞으로도 명절은 어김없이 돌아올 것이다. 며느리들에게 '피할 수 없다면 즐겨라'는 말은 하고 싶지 않다. 대신 '즐길 수 있는 명절이 되도록 바꿔나가자'라고 권유하고 싶다. 앞으로 다가올 또 한 번의 명절을 무사히 보내길 바라며, 대한민국 모든 며느리들이여, 힘내기를!

07 마음 편히 아프지도 못하는
바보의 또 다른 이름, 엄마

지난 2011년 구제역 광풍이 몰아치던 시기에 횡성의 한 살처분 현장에서 있었던 일이다.

그날도 방역대원들은 살처분을 위해 소들에게 차례로 석시콜린이라는 근육 이완제를 주사하고 있었다. 이 주사를 맞은 소는 대부분 10초에서 1분 사이에 숨을 거둔다. 방역대원들은 수많은 소들을 살처분 하는 과정에서 차례를 맞은 한 암소에게 주사를 놓았다. 암소 역시 주사를 맞자마자 다리에 경련을 일으키며 점점 죽어가기 시작했다.

그때였다. 어디선가 송아지 한 마리가 나타났다. 방금 주사를 맞은 암소의 새끼였다. 어미가 곧 죽을 것을 알 리 없는 송아지는 어미에게 젖을 달라고 보채기 시작했다. 모두 침울한 표정으로 이 광경을 지켜보고 있었다. 그런데 믿을 수 없는 일이 벌어졌다. 죽어가던 어미가 송아지에게 태연히 젖을 물리기 시작한 것이다.

주위에 있던 사람들은 눈앞에 펼쳐진 믿을 수 없는 광경을 보고 놀라 입이 떡 벌어졌다. 어미 소는 금방이라도 주저앉을 듯 비틀거리면서도 새끼가 젖을 먹는 2~3분 동안 이를 악물고 버텼다. 이윽고 젖을 다 먹은 송아지가 어미에게서 떨어져 나오자마자, 어미 소는 털썩 쓰러지며 숨을 거두었다.

어미 소가 보여주었던 기적 같은 모정에 그곳에 있던 사람들은 모두 눈물을 흘렸다. 안타깝게도 송아지 역시 살처분 대상이었기 때문에 곧 어미 곁에 묻히게 되었다.

이 눈물겨운 사연은 곧 언론을 통해 알려져 비인간적인 살처리 처분 절차에 대해 성토하게 만드는 계기가 되었다고 한다. 나 역시 기사를 접하고 얼마나 마음이 아팠는지 모른다. 나도 아이를 키우는 엄마이기에 자식에게 젖을 먹이기 위해 죽음마저 이긴 어미 소의 절절한 심정이 이해되었기 때문이다.

비록 동물이지만 소가 보여준 죽음마저 초월한 깊은 모정에 마음이 저절로 숙연해진다. 동물이던 사람이든 간에 어머니의 사랑은 위대하고 한없이 깊다. 간혹 예외도 있어 자기 자식을 매정하게 학대하는 짐승보다 못한 비정한 부모들도 분명 존재한다. 하지만 그런 비정상적인 사람들은 예외로 치자. 대부분의 어머니라면 대부분 자식을 끔찍하게 사랑한다. 자기 자신보다도 더.

몇 해 전의 일이다. 오랜만에 친정에 온 가족이 모여 식사를 하고 다 같이 산책을 나갔다. 배가 부르니 소화도 시킬 겸 공원에서 아이들과 공놀이나 하자는 취지였다. 언니네 식구들과 당시 두 돌이 채 안 되었던 나의 딸, 그리고 남편과 함께 5분 거리에 있는 근처 체육공원으로 향했다.

때마침 공원의 바다 분수대에서는 시원한 물줄기가 솟아나오고 있었다. 조카들과 딸은 우르르 뛰어가서 물줄기가 춤을 추듯 움직이는 모습을 구경했다. 그런데, 갑자기 딸이 물줄기 속으로 뛰어 들어가려고 하지 않은가! 물에 흠뻑 젖기에는 쌀쌀한 가을 날씨였다. 나는 깜짝 놀라 아이를 들쳐 안고 반대쪽으로 뛰어가다 그만 커다란 돌부리에 발이 걸리고 말았다.

그곳이 평지였다면 발이 걸렸더라도 재빨리 중심을 잡았을 것이다. 그러나 그곳은 비탈길이었고, 불행하게도 내 앞에는 내리막길이 길게 펼쳐져 있었다. 돌에 걸리면서 내 몸은 앞으로 넘어질 듯 쏠렸고 아이는 뒤로 젖혀지면서 무게중심이 아이에게 실렸다. 내가 앞으로 넘어지면 아이 뒤통수부터 깨질 상황이었다. 넘어지지 않고 중심을 잡으려다 보니 나는 자연히 앞으로 뛰어 내려가게 되었고 내리막길이라 가속도까지 붙게 되었다.

자칫하면 아이가 크게 다칠 수 있는 위험한 순간이었다. 근처에 있던 사람들이 나와 아이의 모습을 바라보며 비명을 질렀다. 그 와중에 내 머릿속에는 온통 '아이만큼은 절대 다치게 해서는 안 된다.'는 생각뿐이었다.

뛰어 내려가다 보니 앞에 벽이 보였다. 벽을 활용하면 멈출 수도 있을 것 같았다. 나는 그대로 벽으로 뛰어든 후, 몸을 돌려 벽에 부딪혀 간신히 멈출 수 있었다. 다행히 아이는 조금 놀랐을 뿐 털끝 하나 다친 곳이 없었고 나는 팔과 무릎 등이 여기저기 찢어지고 멍이 들었다. 아이가 무사하다는 것을 확인하고 나서야 비로소 상처가 욱신욱신 쑤셔오기 시작했던 기억은 아직도 생생하다.

지금 생각해보면 어머니의 모정이라는 것은 평소에는 본인도 잘 깨닫지 못할 정도로 숨겨져 있다가, 위기의 순간에 닥치면 엄청난 힘을 발휘하게 하는 것 같다. 처참한 지진 현장에서 목숨을 바쳐 아이를 살린 어느 엄마의 이야기나, 아이가 교통사고를 당해 차 밑에 깔리자 어마어마한 힘을 발휘해 자동차를 들어 올린 한 엄마의 기적 같은 이야기 들은 심심치 않게 들린다.

 엄마도 사람인지라 1년 365일 자식이 마냥 예쁘기만 보이는 것은 아니다. 아이가 때를 쓰고 고집을 피울 때는 꼬마 악동처럼 보일 때도 있고, 엄마에게 대들고 말대꾸라도 하면 화가 머리끝까지 나기도 한다. 그래도 어쩌다 아이를 심하게 혼내기라도 한 날이면 엄마들은 뒤늦게 밀려오는 죄책감과 후회에 홀로 마음 아파한다.

 아이가 아파 열이 펄펄 끓으면 밤새 잠 한숨 못 자고 간호하는 사람이 바로 엄마다. 아이가 다치기라도 하면 신발 신을 새도 없이 정신없이 들쳐 업고 병원으로 뛰어가는 사람, 자식이 아픈 것보다 차라리 내가 아팠으면 하는 사람. 내 목숨을 내놓아 아이를 살릴 수 있다면 기꺼이 목숨을 내어 주는 사람이 바로 엄마 아니던가. 그래서인지 엄마들은 자신이 없으면 안 된다는 책임감에 마음껏 아플 수도 없다.

 출산 후 어린 아기를 키우는 몇 년간은 여자의 일생 중에서도 무척 고된 기간이다. 수유를 하고 밤낮없이 육아를 하는 과정에서 체력과 면역력이 약해지기 마련이다. 그러다 보면 여기저기 아픈 곳이 생긴다. 하지만 아무리 아파도 누워있을 수 없다. 아이를 돌봐야 하기 때문이다. 엄마가 아프다고 누워있으면 아이들 끼니는 누가 챙기며, 목욕시키기, 옷 입히기 같은 뒤치다꺼리는 누가한단 말인가.

집안일도 간과할 수 없다. 잠깐이라도 손을 놓으면 엉망이 되는 것이 살림이다. 간혹 마음 착한 남편들이 아내를 생각해서 팔을 걷어붙일 때도 있다. 그러나 이는 일회성에 그치거나 아내처럼 살뜰하게 하지 못하는 수준이니 결국 아내들이 자리를 털고 일어날 수밖에 없다. 아내가 없으면 도무지 집안이 돌아가지 않는다.

그래서 엄마들은 마음 놓고 아플 수도 없다. 자리를 비울 수가 없어서 혹은 바쁜 나머지 병원 갈 틈이 없어서 웬만큼 몸이 아파도 병원에 가지 않고 버티거나, 약을 먹으며 참고 넘어간다. 그러다 보면 병을 크게 키우기도 한다.

지인 중에 세 아이의 엄마가 있다. 그녀는 첫째와 둘째를 돌보는 동시에 유독 예민한 막내를 종일 아기띠로 안고 집안일을 하다가 불현듯 허리에 통증을 느꼈다. 느낌이 심상치 않았지만 병원에 갈 틈이 없어서 허리에 대충 파스를 붙이며 버텼다. 그러던 어느 날 갑자기 허리를 필수가 없을 정도로 큰 통증이 밀려왔다. 치료를 미루다 디스크에 걸린 것이다.

단 한 발짝도 걸음을 떼기 힘들었고, 기침만 해도 허리가 아파왔다. 주위에서는 큰 병원에 가보라고 했다. 그러나 그녀는 동네 한의원을 다니며 치료를 받았다. 병원에 가서 수술이라도 하게 되면 세 아이는 어떻게 할지 걱정이 앞섰기 때문이다. 다행히 몇 번의 통원치료로 상태는 좋아졌지만 허리가 낫기까지 지팡이를 짚고 한의원에 다니며 아이들을 돌보던 모습은 안쓰럽다 못해 눈물겹기까지 했다.

어디 그렇게 참다가 병을 키우는 엄마가 대한민국에 그녀 한 명 뿐이겠는가. 요즘에는 출산을 경험한 젊은 여성들이 갑상선 이상이며 손목 통증 등 이런저런 질환을 호소하는 일이 많아졌다. 몸이 그렇게 되도록 자신의 몸을 돌보지 않다니. 참으로 미련하고 답답하다. 미련하다는 소리를 들을 정도로 가족을 생각하는 이들이 바로 엄마다.

처녀 때는 바람만 불어도 날아갈 듯 가녀리고 연약했던 여자들이 엄마가 되면 한없이 강해진다. 아이를 위해서라면 자신의 목숨마저 내놓을 수 있는 모성애. 여자는 약하고 엄마는 강하다는 말이 어떤 뜻인지 아이를 낳고 키우면서 체감하게 된다.

1999년 독일 프랑크푸르트 국제도서전에서 에바토트라는 시인의 시집이 '가장 아름다운 책'으로 선정되었다. 이 글을 쓰는 동안 나는 그녀의 책에 수록된 시가 문득 떠올랐다. 여기에 일부만 소개한다.

내가 엄마가 되기 전에는

내가 엄마가 되기 전에는 언제나
식기 전에 밥을 먹었었다
얼룩 묻은 옷을 입은 적도 없었고
전화로 조용히 대화를 나눌 시간도 있었다

(중략)

아이가 깰까 봐 언제까지나
두 팔에 안고 있었던 적이 없었다
아이가 아플 때 대신 아파 줄 수가 없어서
가슴이 찢어진 적이 없었다

그토록 작은 존재가 그토록 많은 내 삶에
영향을 미칠 줄 생각조차 하지 않았었다
내가 누군가를 그토록 사랑하게 될 줄 결코 알지 못했었다

(중략)

한 아이의 엄마가 되는 기쁨
그 가슴 아픔
그 경이로움
그 성취감을 결코 알지 못했었다

그토록 많은 감정들을
내가 엄마가 되기 전에는

  모든 엄마들은 자신의 몸 밖에 또 하나의 심장을 갖고 살아간다. 그 심장은 바로 자신의 '아이'이다. 너무나 소중하고 사랑스러운 또 하나의 '심장'을 위해 때론 고통도 눈물도 기꺼이 삼키며 자식을 품는, 미련하고도 사랑스러운 이 땅의 모든 엄마들. 그대들은 진정 아름답다.

01 배려도 적당히 해야 고마운 줄 안다
02 의존적인 신데렐라가 될 것인가, 스스로 빛나는 팅커벨이 될 것인가
03 뻔뻔함과 당돌함이야말로 당신이 가져야 할 히든카드다
04 살림하며 행복한 여자, 직장에 나가며 만족하는 여자
05 슈퍼 우먼의 망토를 벗어 던져라
06 사이좋은 고부관계 뒤에는 '적당한 거리 두기'가 있다
07 끌려 다닐 거면 차라리 나쁜 여자가 되라
08 아이에게 줄 수 있는 것이 많지 않다는 것은 축복이다
09 부모가 진심으로 믿어주면 아이는 언젠가는 길을 찾는다

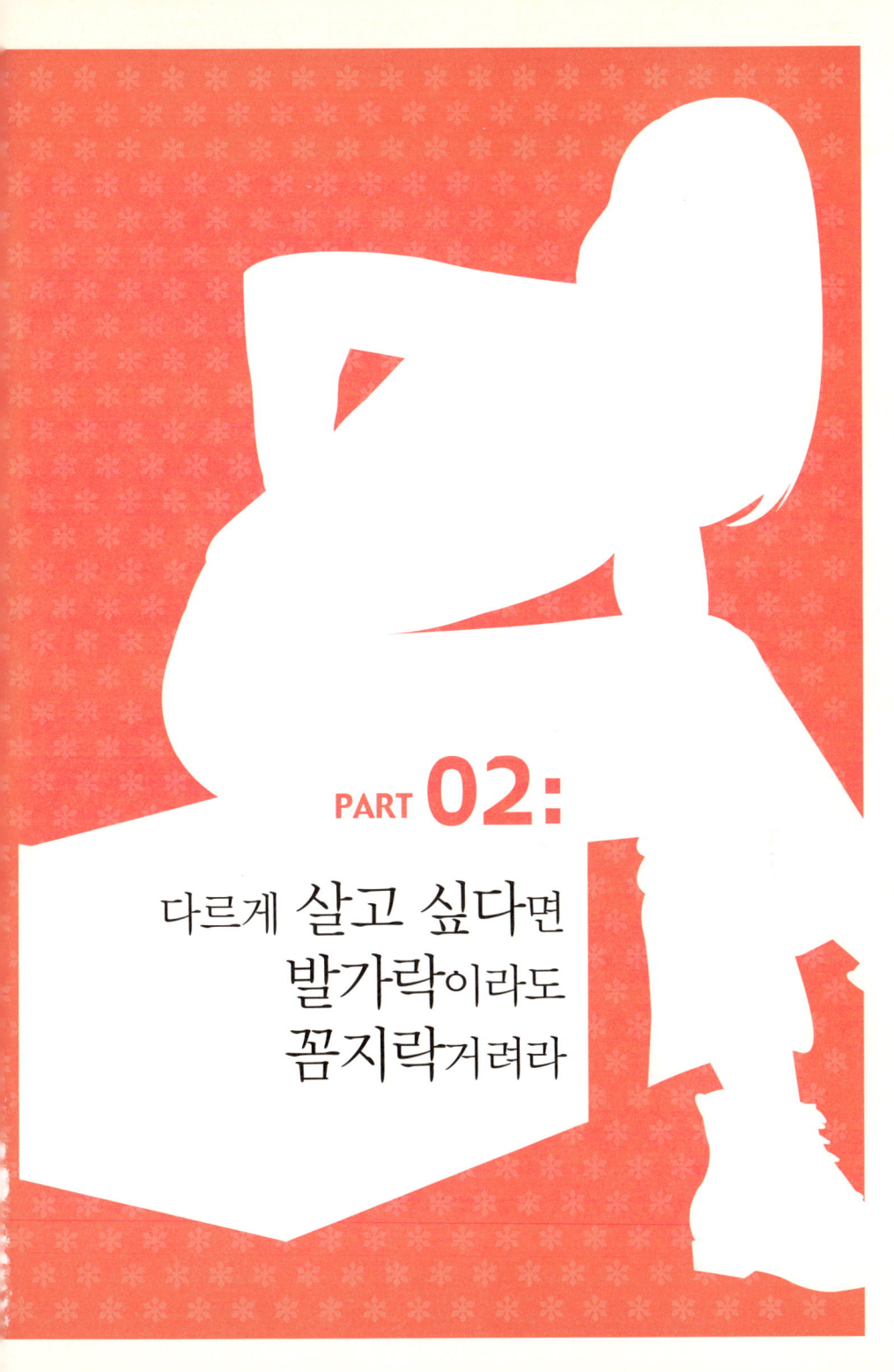

01 배려도 적당히 해야 고마운 줄 안다

　　　　　　　올해 초 SBS TV에서 방영한 「따뜻한 말 한마디」는 불륜 후 가족들이 겪는 고통과 이를 극복해나가는 과정을 통해 갈등을 화합하고 부부애를 다시 재조명 해보는 이야기를 그린 드라마이다.

　등장인물 중 주부들로부터 가장 많은 지지를 받은 인물은 바로 아내인 '송미경'. 중소기업을 이끄는 남편을 뒤에서 든든하게 내조하는 한편, 시아버지 병수발에 이어 시어머니 봉양까지 훌륭히 해내며 아이들을 키워온 현모양처이다.

　자신의 모든 것을 헌신하며 가족들을 돌보는 삶이 행복하기만 했던 그녀. 스스로 남부럽지 않은 삶을 살아왔다고 자부해 왔다. 그런데 어느 날 그녀는 남편 재학의 외도 사실을 알게 되고 충격과 절망에 빠진다. 그녀는 엄청난 배신감과 함께 지금까지의 결혼 생활이 오직 가족만을 위한 삶이었다는 것을 깨닫게 된다. 헌신과 희생으로 점철된 지난 십수 년 동안의 결혼생활. 자기 자신은 뒷전인 채 가족들을 위해서만 살아온 삶이었다. 그녀는 결혼생활에 회의를 느꼈고, 남편의 외도가 순간의 감정이 아닌 진심이었다는 것이 밝혀지자 결국 이혼을 결심한다.

이 드라마에서 흥미를 끌었던 부분은, 이혼을 결심한 후 미경의 태도 변화이다. 그토록 남편과 시어머니에게 순종적이었던 미경은 심경의 변화를 일으킨 후 완전히 달라져 호랑이 같은 시어머니의 비난에 눈 하나 깜짝하지 않고, 미련 없이 남편에게 등을 돌린다. 남편 재학은 뒤늦게 그녀의 빈자리를 깨닫지만, 이미 때는 늦었다. "헌신의 가장 좋은 점은 미련이 남지 않는다는 거야." 라고 말하며 이전과는 180도 변한 그녀의 당당한 모습은 여성 시청자들에게 카타르시스마저 안겨주었다.

드라마를 시청하며 그녀의 삶과 대다수 우리 아내들의 삶이 흡사하다는 생각이 들었다. 결혼을 하고 한 남자의 아내로, 애들 엄마로, 며느리로 헌신하며 살아가고 있는 이 땅의 수많은 아내들. 아내들은 자신이 힘들더라도 가족들이 편하다면 괜찮다고 생각한다. 바깥일 하느라 힘들었을 남편을 생각해서 웬만한 일은 혼자 하고 시부모에게도 좋은 며느리 역할을 하고자 노력한다.

그러나 평온하고 안락한 가정을 유지하기 위해 노력하느라 자신에게 남은 것은 의무와 책임감만이 전부였던 미경처럼, 가족을 위해 자신을 희생하며 사는 삶이 과연 바람직한 것일까 하는 의구심이 든다.

어느 한편 만의 배려와 희생이 지속되면 그 가정은 마치 한쪽으로 기우뚱하게 기울어진 배처럼 불균형한 상태로 고착화된다. 아내의 일방적인 헌신이 당연한 것처럼 되어버리는 것이다. 그러나 기울어진 배는 언젠가는 반드시 침몰하는 것처럼, 이러한 불합리함과 불공평함의 토대 위에 세워진 가정의 평화는 언젠가 깨질 것이 분명하다.

그렇기에 행복한 가정생활을 영위하기 위해서는 가족들 서로 간의 양보와 배려가 있어야 하고 양보와 배려를 이끌어내기 위해서는 많은 대화가 필요하다. 이러한 과정을 거치다 보면 가족들과 필연적으로 마찰과 갈등이 생기게 될 수도 있다. 특히 남편이 아내의 입장을 이해하지 못한다면 부부싸움으로 이어지게 되기도 한다. 하지만 이는 피할 수 없는 과정이다.

그런 의미에서 한번 생각해 보자. 부부싸움을 감수하더라도 솔직해지는 것이 나을까, 다툼을 피하기 위해 꾹꾹 참고 사는 것이 나을까? 가족만 위하며 살아가던 아내가 어느 날 갑자기 자기 권리를 찾겠다고 주장하기 시작하면, 남편은 당황할 것이고 크고 작은 다툼이 일어날 것이다. 그렇다면 아내는 그저 참고 인내하며 살아야 할까? 그것이 맞는 것일까?

분란을 일으키기 싫다는 이유로 아내 혼자 모든 것을 감내한다면, 겉으로는 평화로운 가정을 유지할 수 있을지도 모른다. 그러나 '아내의 행복'을 담보로 평화가 유지되는 가정은 표면적으로는 화목해 보일지 모르나 진정 화목한 가정이 아니다. 그런 식으로 유지되는 평화는 반드시 금이 가게 되어있다.

얼마 전 외신을 통해 영국의 한 노부부가 결혼 70주년 기념 행사를 성대하게 열었다는 뉴스가 보도된 적이 있다. 올해 91세를 맞이한 이 부부는 1943년에 결혼했는데, 이후 70년 동안 행복한 결혼생활을 유지해오고 있다고 한다. 한 기자가 오랫동안 행복한 결혼생활을 유지하는 비결을 묻자 이들은 인상적인 답변을 했는데, 이들이 밝힌 행복의 비결은 바로 '부부싸움'이었다.

이 부부가 결혼 후 70년 동안 벌인 부부 싸움의 횟수는 약 25,550회에 달한다고 한다. 이를 계산하면 적어도 하루에 한 번은 부부 싸움을 한 것이다. 이들은 70년 중 부부싸움에 보낸 시간을 제외한 나머지 시간을 행복하고 즐겁게 지내 왔다고 한다.

위의 노부부의 사례처럼 부부싸움이 꼭 부정적인 면만 있는 것은 아니다. 부부싸움을 자주하는 부부가 그렇지 않은 부부들보다 더 건강하게 오래 산다는 연구결과도 있다. 서로 간에 좋지 않은 감정이 쌓여 돌이킬 수 없을 때까지 묻어두는 것보다 싸움이 되더라도 그때그때 감정을 풀어 오해가 쌓이지 않게끔 하는 것이 훨씬 스트레스가 적기 때문이다.

물론 다툼은 적을수록 좋다. 그러나 단지 남편과 다투기 싫어서 반드시 해야 할 말을 하지 못하거나, 자신의 감정을 표현하지 못한 채 침묵으로 일관한다면 이는 싸움보다 더 나쁜 결과를 초래할 수 있는 것이다. 차라리 다툼이 되더라도 자신의 생각을 솔직하게 이야기해 상대방을 향해 쌓여있던 앙금을 드러내고, 서로 간의 오해를 풀 수 있다면 부부싸움은 건강한 부부관계를 만드는 촉매제가 될 수도 있다.

결혼생활의 주된 갈등요인 중 하나인 고부관계에서도 마찬가지이다. 며느리만 일방적으로 시부모에게 복종하고 희생하는 것이 아닌, 서로 간 입장을 이해하고 배려하는 관계가 되어야 한다. 그러기 위해서는 대화가 필요하다.

거저 얻어지는 것은 아무것도 없다. 심지어 가정 안에서 가족들에게 이해와 배려를 구하는 일조차도 말이다. 스스로 구하지 않는 한, 그 어떤 것도 거저 주어지지 않는 것이 세상의 이치이다.

결국 '자기 대접은 자기가 만든다.', '우는 아이에게 젖 한 번 더 준다.'는 속담은 가정 내에서도 적용된다. 가족들이 엄마 한 사람의 헌신과 양보를 당연한 것으로 여기지 않도록 만드는 것은 엄마 자신의 몫이다.

진정 바람직한 관계는 서로 주고받는 살아 움직이는 관계이지 어느 한쪽으로 기울어지거나 편중된 관계가 아니다. 그렇기에 가족들의 이해와 양보가 필요할 때에는 솔직하게 자신의 생각과 원하는 바를 말해야 한다.

「따뜻한 말 한마디」의 결말에서, 미경은 남편과 일 년간의 별거 후, 집으로 돌아간다. 다시 부부관계를 유지하기로 한 것이다. 부부관계는 지속 되겠지만, 이들의 관계는 이전과는 분명 다를 것이다. 전처럼 남편을 위해 일방적으로 봉사하는 관계가 아니라, 남편과 서로 배려와 양보를 주고받는 동등한 관계가 될 것이다.

그들에게 어떤 미래가 기다리고 있을지는 아무도 모른다. 그 누가 알겠는가. 다시 권태기를 맞게 될지, 행복하게 살아갈지, 또 다른 시련이 기다리고 있을지…. 하지만 이것 하나만큼은 분명하다. 그것은 자신에게 충실하고 자신의 인생을 찾으면서 비로소 미경이 진정한 자아를 발견했다는 점이다.

　서로 존중하고 의지하며 살아가는 법을 깨달은 이들 부부는 앞으로 또 다른 시련이 닥쳤을 때, 이전보다 더욱 공고하게 결속할 것이다. 그리고 힘을 합쳐 시련을 이겨낼 것이다. 바로 이것이 건강한 관계로 맺어진 가정의 힘이다.

02 의존하는 신데렐라가 될 것인가, 스스로 빛나는 팅커벨이 될 것인가

2013년 겨울, 한편의 애니메이션이 우리나라 극장가를 휩쓸었다. 바로 「겨울 왕국」이다. 어린 아이들이나 보는 것이라고 여겼던, 공주와 왕국이 나오는 디즈니의 애니메이션은 예상을 깨고 성인들에게까지 인기를 끌었다. 「겨울 왕국」은 역대 애니메이션 흥행 1위를 기록한 것은 물론, 관련 상품이 불티나게 팔렸고, 주인공 엘사가 부른 주제가 'Let it go' 역시 인기를 끌어 여러 가수들의 버전으로 나오기도 했다.

다른 영화들에 비해 특수효과에 공을 들인 것도 아니고, 자극적인 소재도 아닌 흔한 공주 이야기에 왜 사람들은 이토록 열광한 것일까? 그것은 「겨울왕국」이 '왕자가 공주를 구해낸 후 둘이 결혼해서 오래오래 행복하게 살았다.'는 뻔한 스토리가 아니었기 때문이다.

주인공인 공주들은 왕자의 도움 없이 자신들의 힘으로 왕국을 구한다. 이 만화에서 왕자가 차지하는 비중은 매우 적을 뿐 아니라 후반부에 이르러 악역이었음이 밝혀지기까지 한다.

동생 안나가 왕자를 보고 첫눈에 반해 그와 결혼하겠다고 하자, 언니인 엘사는 "만난 지 하루밖에 되지 않은 남자와 결혼할 수 없어."라고 충고한다. 이것은 마치 만나자마자 사랑에 빠져 결혼하던 기존 디즈니 동화를 스스로 풍자하는 듯하다.

주인공 엘사 또한 이전과 차별화되는 입체적인 캐릭터이다. 그녀는 얼음을 만들어 내는 특별한 능력을 가지고 있지만 부모의 바람대로 이를 꼭꼭 숨긴 채 얌전하게 성장한다. 하지만 일련의 시련을 겪으며 마침내 그녀는 자신의 본모습과 마주한다. 그리고 당당히 세상에 맞서 왕국을 구한다.

겨울왕국의 주제가 'Let it go'의 가사를 들어보면, 엘사에게만 국한된 내용이 아니라는 것을 알 수 있다. 마치 우리 여성들에게 적극적으로 도전하는 삶을 살아가라고 권유하는 것 같지 않은가.

"이젠 참지 않을 거야, 문을 열고 나아갈 거야. 괜찮아, 누가 뭐라 해도 폭풍 몰아쳐도 추위 따윈 두렵지 않다네. 거리를 두고 보면 모든 게 작아 보여 나를 두렵게 했던 것들. 이젠 겁나지 않아 어디까지 할 수 있을까? 내 능력 확인하고 파. 내 마음대로 자유롭게 살래. 당당히 살아가리라 폭풍 몰아쳐도 추위 따윈 두렵지 않다네."

시대가 바뀌어 가고 있다. 이제 왕자가 공주를 구하는 스토리는 더 이상 사람들의 관심을 끌지 못한다. 평면적인 인물들과 구태의연한 전개로 보는 이로 하여금 하품만 나오게 할 뿐이다. 동화에서는 공주와 왕자가 결혼해서 오래오래 행복하게 사는 것으로 끝이 나지만 현실에서는 결혼이 끝이 아니라는 것. 그 후로도 삶의 이야기는 계속된다는 것을 우리는 잘 알고 있다.

오늘날 여권은 예전보다 많이 신장되었다. 여성들도 남성들과 동등하게 수준 높은 교육을 받고 사회에서 자신의 날개를 마음껏 펼치며 살아가고 있다. 재계와 정계의 주요 요직에 여성들이 진출하였으며, 최근에는 여성 대통령까지 선출되었다. 30세 이상 전문직 미혼 여성을 일컫는 '골드미스'라는 신조어도 생겼다.

하지만 그럼에도 여성들이 무의식중에 갖고 있는 '백마 탄 왕자'에 대한 환상은 쉽사리 사라지지 않고 있다. 왕자에 대한 환상은 매우 매력적인 모양이다. 하다못해 5살짜리 우리 딸의 장래 희망마저 커서 공주님이 되어 멋진 왕자님을 만나 결혼하는 것이니.

'신데렐라 콤플렉스'란, 여성들이 마치 신데렐라처럼 자기의 인생을 변화시켜 줄 왕자가 나타나기를 고대하는 의존적인 심리를 뜻한다. 쉽게 말하자면 남자를 통해 현재보다 나은 인생을 살고자 하는 마음이다. 결혼 적령기의 여성이 남자를 만날 때 그의 능력과 재력을 보는 것도 그러한 심리에서 비롯된 것이라 할 수 있다.

여성들은 자신보다 잘난 남자와 결혼을 함으로써 자신의 인생이 구원받을 수 있으리라 믿는다. 최첨단 시대이건만, 과거 '뒤웅박 팔자'라고 불렸던 여자 팔자는 지금도 역시 뒤웅박 신세에서 크게 벗어나지 못하는 모양이다. 어떤 남자와 결혼하느냐에 따라 그 가치가 결정된다는 사고방식이 아직도 지배적이니 말이다.

남자건 여자건 결혼을 할 때 좀 더 신중해지고, 배우자의 조건을 이모저모 따지게 되는 것은 당연하다. 그럴 수밖에 없는 것이 연애와는 달리 결혼이라는 것은 일단 하게 되면 책임이 따르는데다 무르기도 어렵기 때문이다. 기왕 하는 결혼생활 성공적으로 해나가고 싶은 마음은 누구나 가지고 있다. 행복하게 살고 싶다는 욕망에 누가 돌을 던질 수 있을까?

재력과 능력을 갖춘 남자를 만나 결혼한다면 확실히 남들보다 안락하고 편안한 인생을 살아갈 가능성이 높아지는 것은 부정할 수 없는 사실이다. 특히 결혼생활에 있어서 경제적인 문제는 다른 어떤 것들보다도 커다란 비중을 차지한다. 그러니 경제 문제만 해결된다 하더라도 다툴 일이 줄어든다. '창문으로 가난이 찾아오면 사랑은 도망간다.'는 말은 냉혹하지만 현실이다.

여성들이 신데렐라 콤플렉스를 갖게 하는 데에는 TV 등 방송 매체들의 영향도 크다. 방송은 계속해서 백마 탄 왕자의 환상을 보여준다. 특히 시청률이 높은 드라마들을 보라. 멋진 외모, 능력과 재력, 매너와 따뜻한 마음씨까지 가진 완벽한 남자가 별 볼일 없는 평범한 여주인공을 목숨 바쳐 사랑하는 내용이 태반이다.

하지만 드라마는 드라마일 뿐 현실은 그렇지 않다. 그런 완벽한 남자들은 TV 안에서만 존재한다. 설사 완벽남들이 있다 하더라도 아무것도 내세울 것 없는 평범한 여성과 사랑에 빠질 확률은 솔직히 매우 희박하다.

우리는 이제 진실과 직면해야 한다. 그것은 바로 지극히 평범하고 보잘 것 없게 느껴지는 인생에서 자신을 구원해 줄 수 있는 사람은 바로 자기 자신 뿐이며, 배우자의 조건들이 결혼의 성패에 결정적인 요소는 되지 않는다는 점이다.

경제적으로 풍족한 사람과 결혼해 남부러울 것 없어 보이지만 남편과의 성격차이나 고부갈등, 외도 등으로 인해 불행하게 살아가는 사람들도 있다.

그런가 하면 결코 백마 탄 왕자라고 볼 수 없는 조건의 남성과 결혼해 어려운 환경에서도 행복하게 사는 사람들도 있다. 결국 자신의 행복은 남편의 능력이나 경제력에 의해 좌우되는 것이 아니다. 스스로 만들어 나가는 것이다.

미국의 임상 심리학자이자 『피터팬 신드롬』의 저자인 단 카일리(Dan Kaily) 박사는 진정 행복해지고자 하는 현대여성들에게 '팅커벨'이 될 것을 권유한다. '팅커벨'은 자기 자신이 빛을 내는 요정으로, 자신의 목표를 추구하는 동시에 남성을 사랑하는 여성을 말한다.

남자에 의해 자신의 행복이 좌지우지되지 않는 여성, 자존감이 높은 여성, 자기가 처한 상황을 극복해내며 능동적이고 적극적으로 자신의 행복을 찾으려는 여성이야말로 스스로 빛을 발하는 팅커벨과 같은 여성이다.

이러한 여성들은 남편을 인생의 동반자이자 친구로 바라볼 뿐, 인생을 구원해 줄 흑기사로 보지 않는다. 결국 자신을 구원할 수 있는 건 바로 자기 자신이라는 점을 잘 알고 있기 때문이다. 배우자 선택에 있어서 외적인 조건들보다 인품과 성격을 고려하는 것은 물론이다.

이들은 결혼생활 역시 현명하게 해나간다. 남편의 사랑에만 목숨 걸지 않는다. 이들은 긴 결혼생활에 진정 필요한 것은 냄비같이 확 끓어오르는 사랑이 아니라 친구 같은 편안함과 신뢰라는 것을 잘 알고 있다.

가정에서의 역할 분담 역시 평등하게 하며 모든 일을 결정할 때 두 사람의 합의를 바탕으로 한다. 서로 동등하게 배려하고 존중하는 것이 이상적인 결혼생활이라 생각하며, 배우자로부터 부당한 대우를 받았을 때 자신의 의견을 당당히 피력한다.

또한 남편과 자식 외에도 자기 자신만의 인생을 살고 있다. 그것이 꼭 직업을 의미하는 것은 아니다. 취미일 수도 있고 봉사활동일 수도 있다. 그것이 무엇이든 아내, 엄마의 타이틀 외에도 따로 애정을 쏟고 삶의 의미를 얻는 일을 가지고 있다.

때문에 이러한 여성들은 자식을 자신의 일부로 포함하려 하지 않는다. 자녀들의 인생을 마음대로 휘두르려고도 하지 않는다. 자녀를 독립된 인격체로 인정하고 스스로 인생을 개척해 나가도록 지켜봐 준다. 이러한 여성들이야말로 인생을 보다 행복하게 살아갈 자세를 갖추고 있는 사람들이다.

지금껏 자신의 인생을 수동적으로 살아왔던 것은 아닌지 한 번 돌이켜 보자. 남들에게, 남편에게, 자식들에게 의존하고 살아온 것은 아닌지? 가족은 당신에게 가장 소중한 존재이고 사랑하는 존재이지만, 그들이 당신을 구원해 주는 것은 아니다. 자신의 인생을 위해 이제부터는 좀 더 삶을 적극적으로 주도해 나가야 한다.

타인의 손에 자신의 행복을 맡기는 의존적인 신데렐라가 아닌 자기 힘으로 당당히 서는 엘사처럼, 스스로 빛나는 '팅커벨' 처럼 멋진 여성이 많아지기를 기대한다. 누구에게도 의존하지 말고 스스로를 업그레이드하며 실현 가능한 꿈을 꾸자. 안전한 성에서 벗어나 매서운 눈보라가 몰아치는 눈 덮인 숲에 설 지언 정, 자신의 의지로 생생하게 살아있는 삶을 한 번쯤 살아보고 싶지 않은가.

03 뻔뻔함과 당돌함이야말로 당신이 가져야 할 히든카드다

결혼 초, 나는 말 그대로 '멘붕'의 연속이었다. 결혼하면 당연히 음식물 쓰레기 버리기나 화장실 청소 같은 궂은일들은 남편이 알아서 해주고, 집안일 또한 당연히 분담할 것으로 생각했었다. 하지만 나의 착각이었다. 쓰레기 좀 버려달라거나, 설거지 좀 해달라는 부탁에도 '나중에' 하겠다며 남편은 하염없이 침대에만 붙어 있었고, 나는 그런 남편과 다투지 않을 수 없었다.

신혼 초에는 기 싸움을 하게 된다는 결혼 선배들의 조언은 사실이었다. 신혼 초에 기선 제압을 잘하면 평생이 편하다고들

한다. 그러나 시시콜콜한 문제들로 자주 충돌하는 것에 내가 먼저 지쳐버렸다. 누군가에게 잔소리를 하거나 싸우는 것을 극도로 싫어하는 내 성격 탓이었다. 지금 생각해보면 차라리 그때 많이 싸우더라도 끝까지 포기하지 말걸 하는 후회가 든다.

당시 나는 집안일로 남편과 얼굴 붉히며 싸우는 것이 치사하게 느껴졌다. 계속 신경전을 벌이느니 차라리 내가 하고 말지 싶었다. 때문에 출산 당일까지 직장을 나가면서 동시에 집안 살림도 맡아서 했다. 후각이 예민해진 임산부에게 음식물 쓰레기 버리는 일은 말 그대로 고역이다. 무거운 쓰레기를 버리는 일은 힘이 들기 때문에 태아에게 무리가 되기도 한다. 그러나 나는 남편의 손을 빌리지 않고 혼자 했다. 그렇게 슬금슬금 내일이 되어버린 것들은 몇 년이 지난 지금 완전히 모두 나의 차지가 되었다.

나에 비해 언니 부부는 분위기가 사뭇 다르다. 형부는 집안일에서만큼은 백 점짜리 남편이다. 아이들 밥 챙기기, 설거지, 청소, 목욕시키기에 이르기까지 형부는 알아서 척척 한다. 언니가 직장에 다녔을 때에도, 퇴사 후 전업주부가 되었을 때에도 형부는 변함없이 집안일을 언니와 나눴다.

그렇다고 언니가 목소리가 크거나 기가 센 스타일도 아니었다. 나는 형부가 원래 자상하고 가정적인 성격일 것이라 생각했다. 그런 남편을 만난 언니가 부러울 따름이었다. 부러워하는 내게 언니는 형부가 처음부터 그랬던 것은 아니라고 말했다.

"네 형부도 다른 남자들과 똑같았어. 집안일은 하나도 안 하고, 좀 해달라고 부탁이라도 하면 늦장 부리고. 이렇게 되기까지 내가 얼마나 힘들었는지 아니? 남편을 움직이게 하려면 좀 뻔뻔해질 필요가 있어. 집안이 난장판이 되어도 남편이 하기로 한 일이면 모르는 척하는 것도 필요해. 그러다 보면 답답한 사람이 결국 움직이게 되어있어."

언니의 말을 듣고 곰곰이 생각해보니 어쩌면 남편만의 잘못이 아니라 집안일을 스스로 떠맡은 내게도 책임이 있을지 모른다는 생각이 들었다. 나는 언니에 비해 뻔뻔하지도 참을성이 강하지도 못했다. 순간의 불편함을 참지 못해서, 남편과 싸우기 싫어서 남편이 할 때까지 기다리지 않고 내가 다 해버린 것이다. 제 무덤 제가 판다더니 내가 딱 그 꼴이었다.

상대방에게 당연히 말해야 할 것들도 당당히 요구하지 못하고 사는 사람들이 있다. 물론 남자들 중에도 소심한 성격 탓에 말을 제대로 못 하고 손해 보며 사는 사람이 있을 것이다. 그렇지만 여기에서 이야기하고 싶은 것은 남편 눈치를 보는 소심한 아내들이다.

반드시 해야 하는 말을 남편에게 말하지 못하고 눈치 보며 속으로 삼키는 아내들. '이런 말을 한다고 남편이 화를 내면 어떡하지?', '이것 좀 해달라고 했다가 괜히 싸우기라도 하면 어떡하지.' 같은 생각들이 꼬리를 물며 스스로 위축된다. 그리고 결국 혼자 속으로 삭이거나 참는다. 하지만 그럴수록 힘들어지는 것은 아내들뿐이다.

가정에서 혹은 사회생활을 하면서 도저히 양보할 수 없는 상황에 맞닥뜨릴 때가 있다. 그럴 때마다 문제를 어떻게 풀어야 할지 여간 고민이 되는 것이 아니다. 이번에는 자신의 인생을 스스로 개척하며 가정에서 직장에서 성공적인 인생을 살아온 한 여성의 이야기를 들려주고자 한다. '뻔뻔함'의 산 증인인 그녀가 어떻게 성공할 수 있었는지 한번 살펴보자.

그녀의 어머니는 딸만 셋을 낳았다. 딸 셋 중 맏이였던 그녀는 아들을 못 낳은 어머니가 할머니에게 매일같이 구박받는 것을 보면서 자라야 했다. 매일 밤 주방에서 어머니가 숨죽여 우는 모습을 보면서 그녀는 반드시 남자들보다 성공해서 엄마의 한을 풀어드려야겠다고 다짐하고 또 다짐했다.

어머니는 자매 중 유난히 총명했던 그녀에게 모든 것을 걸었다. 초등학생 때부터 어머니는 매일 새벽 4시에 그녀를 깨워 공부를 시켰다. 아직 더 놀고 싶고 더 자고 싶기만 한 어린 그녀에게 하루도 빠짐없이 4시에 일어나야 하는 생활은 너무나 가혹했다.

하지만 그녀는 착한 아이였다. 어머니의 기대에 부응하기 위해 학창시절 내내 열심히 공부했고, 결국 우리나라에서 손꼽히는 대학에 들어갔다. 대학 역시 우수한 성적으로 졸업한 후 유명 통신사에 입사하게 되었다.

당시는 직장 내에서 여성에 대한 차별이 팽배해 있던 시대였다. 매일 새벽 제일 먼저 출근하는 그녀에게 팀장은 "아침부터 여자가 보이면 재수 없다."는 이유로 일찍 출근하지 말라고 하기도 했고, 실적이 뛰어난 그녀가 남자직원들보다 먼저 승진하는 것이 두려워 승진시험을 2년 후에 보라고 강요하기도 했다.

그런 일이 있을 때마다 지난 시절 어머니와 그녀가 겪었던 수난과 마음고생이 뇌리를 스쳐 갔다. 하지만 그녀는 이에 굴하지 않고 자신의 커리어를 쌓아갔고, 자신의 손으로 직장 내 문화를 바꿔가기 시작했다.

첫 아이를 임신했을 때만 해도 임산부는 아랑곳없이 흡연하는 남자들 때문에 사무실은 온통 너구리굴이었다. 당시는 요즘처럼 건물 내에서 금연해야 한다는 등의 규제가 없던 시기라 남자직원들은 자유롭게 앉아서 혹은 일하면서 쉴 새 없이 담배를 피워댔다.

배 속의 아이를 지켜야만 했던 그녀는 고심 끝에 아는 변호사를 졸라 '임산부 근처 흡연금지 가처분 신청서'를 만들어왔다. 그리고 100부를 복사하여 남자직원들에 웃는 얼굴로 한 장 한 장 나눠주었다. 남자직원들은 황당해 했지만 소송당하기는 싫었으므로 어쩔 수 없이 사무실 밖에서 담배를 피웠고, 그녀는 건강하게 첫아이를 출산할 수 있었다.

또한 모유 수유를 하는 워킹 맘들을 위해 수십 차례 인사팀에 건의해 마침내 '수유실'을 만들게 하기도 했다.

그녀의 뻔뻔한 근성은 가정에서도 통했다. 다른 여느 부부들과 마찬가지로 그녀도 신혼 초에는 가사 분담을 놓고 남편과 팽팽하게 신경전을 벌였다. 대한민국 여느 남편들처럼, 그녀의 남편 역시 대부분의 집안일은 여자가 하는 것이라고 생각하고 있었다.

남자직원들이 집에서 편히 쉬며 자기계발을 할 시간에 가사 노동을 해가면서 그들과 경쟁할 수는 없다고 생각했다. 그녀는 남편에게 파출부를 쓰자고 했다. 당연히 남편은 펄쩍 뛰며 반대했다. 파출부를 쓰는 비용은 거의 한사람 분의 월급과 맞먹었기 때문이다.

하지만 그녀는 앞으로 벌게 될 돈과 얻게 될 기회를 생각하면 파출부 월급쯤은 아무것도 아니라고 확신했다. 그때부터 그녀는 남편이 가사 당번인 날에는 절대로 집안일을 하지 않기 시작했다.

빨래가 밀려서 신을 양말이 없으면 새 양말 한 타스를 사왔다. 남편이 양말을 돌돌 만 채 세탁기에 넣으면 잔소리하지 않고 그냥 그대로 빨아 말려서 돌돌 말린 채로 서랍 안에 넣어두었다. 남편이 설거지 당번인데 해놓지 않으면 시장에서 싼 그릇들을 새로 사왔다. 씻지 않은 그릇들이 산을 이루어도 자신이 당번이 아니면 절대로 손을 대지 않았다.

이렇게 남편이 당번인 날에는 손가락 하나 거들지 않으며 몇 달을 버텼더니 나중엔 남편이 두 손 두 발 다 들고 제발 파출부를 부르자고 하기에 이르렀다. 그녀는 그렇게 몸과 시간을 관리할 수 있었고 쟁쟁한 남자 동료들을 제치고 여성임원으로 발탁되어 승승장구할 수 있었다.

이 이야기의 주인공은 『엄마의 꿈이 아이의 인생을 결정한다』의 작가 김윤경 씨다. 그녀는 현재 외국계 기업의 이사로 재직하며 작가로 강연가로 활약하고 있다. 그녀가 지금의 위치에 오를 수 있었던 것은 차별과 불합리를 겪을 때마다 굴하지 않고 맞서 변화시키려고 했던 의지와 용기가 있었기 때문일 것이다.

그녀는 여성들에게 보다 '뻔뻔해' 져야 한다고 말한다. 부당하고 불합리하다고 생각하면서도 차마 입 밖으로 내색하지 못하는 수많은 여성들에게, 속으로 꾹꾹 참지 말고 자신과 자신의 가정, 혹은 미래를 위해 뻔뻔해지고 당당해 지자고 권유한다.

오늘날 우리가 당연한 것으로 여기고 누리고 있는 수많은 권리와 자유들도 사실은 선배 여성들의 용기와 노력으로 얻어진 것이다. 여성의 참정권도, 취업도, 육아 휴직도, 그 어떤 것 하나 거저 주어진 것은 없다.

여성들은 하나하나 끈질기게 요구했고, 사회통념을 변화시켜 왔다. 앞선 시대를 살아간 여성들의 용기 있는 행동이 있었기에 오늘날 우리가 이렇게 자유롭고 행복하게 권리를 누리며 살 수 있는 것이다.

그러나 아직도 가정에서 사회에서 여성들을 가로막는 유리 천장은 존재한다. 여성의 위상이 전보다 높아지고 능력을 펼치며 살 수 있는 세상이 되었다 하더라도 말이다. 아직도 고정관념은 존재하고, 유리 천장은 높기만 하다.

주위 사람들을 편하게 해주기 위해 혹은 분위기를 망치지 않기 위해 불편함을 감수하고 혼자만 희생한다면, 세상은 당신의 희생을 당연히 여긴다. 그리고 더 많이 참고 양보하기를 요구할 것이다.

이제부터 얼굴에 철판을 깔아 보는 것은 어떨까? 남편에게, 주위 사람들에게 자신이 원하는 것을 차분하게 이야기해 보는 것이다. 불만을 속으로 꾹꾹 눌러 담은 채, 겉으로만 평온함을 유지하는 것은 결코 바람직하지 않다.

뻔뻔함에 타당한 이유가 있을 때, 그것은 더 이상 '뻔뻔함'이 아니라 '당당함'이 된다. 여성들이 모두 '당당한 뻔뻔함'을 갖출 그 날이 어서 빨리 오기를, 일과 가정 두 마리 토끼를 모두 현명하게 잡고 살아가는 행복한 여성들이 많아지길 바란다. 우리는 행복한 삶을 누릴 권리가 있으니까 말이다.

04 살림하며 행복한 여자, 직장에 나가며 만족하는 여자

몇 년 전 미국의 공화당 대선 경선과정에서 때 아닌 전업주부 논란이 일었던 적이 있다. 민주당의 전략가인 힐러리 로젠(Hilary Rosen)이 공화당 대선 후보 미트 롬니(Mitt Romney)의 아내 앤 롬니(Ann Romney)를 걸고넘어진 것이 그 발단이었다. 그는 앤 롬니를 향해 "평생 일이라고는 해본 적이 없다."며 비아냥거렸고, 앤 롬니는 "나는 어머니라는 직업을 택했다."고 응수했다.

로젠의 발언은 미국 전역의 수많은 주부들의 공분을 샀다. 비난이 식을 줄 모르고 거세어지자 영부인인 미셸 오바마

(Michelle Obama)는 "앤 롬니는 남편과 자식 뒷바라지에 열과 성을 다한 훌륭한 여성"이라고 사태를 진압하기에 이르렀고 결국 로젠이 사과하는 것으로 사건은 일단락되었다.

미국이나 우리나라나 '워킹맘' 과 '전업주부' 간 논쟁은 '뜨거운 감자'임에는 틀림이 없는 것 같다. 자주 둘러보는 온라인 주부 커뮤니티만 봐도 워킹맘과 전업주부간의 입장 차이는 좁혀질 줄을 모른다. 어느 날 커뮤니티 게시판에 "워킹맘과 전업주부의 아이들은 무엇이 다른가요?"라던가, "직장 그만두고 전업주부 되니, 놀고먹는 백수가 된 것 같아요." 등 서로를 겨냥하는 글이 올라오기라도 하면 순식간에 반박 혹은 옹호 댓글이 수십 개씩 달린다.

나 역시 두 엄마 간 논쟁에서 자유롭지 못했다. 전업주부였을 때는 "아직도 집에서 아이 키우고 계세요?" 같은 질문을 받을 때면 괜한 자격지심에 살림이 얼마나 가치 있는 일이며, 아이에게 엄마의 존재가 얼마나 중요한지를 열심히 설파했고, 워킹맘이었을 때는 "애는 엄마가 키워야 하는데…", "엄마가 안 키운 애들은 티가 나더라고요." 등의 말을 누군가 무심코 내뱉기라도 하면, 워킹맘 앞에서 그런 말을 하는 무신경함에 분개하면서도 한편으로는 아이에 대한 죄책감에 가슴을 후벼 파는 것 같았다. 결국 일할 때나 집에 있을 때나 내 상황이 가져오는 자격지심과 불안감에서 벗어나지 못했다.

워킹맘과 전업주부. 무엇이 정답인지에 관한 논쟁은 정말이지 끝이 날 줄을 모른다. 과연 어느 것이 정답일까? 이에 대한 답은 사람마다 다를 것이다.

어떤 이에게는 워킹맘이 정답이다. 지인 중에 쾌활하고 적극적인 성격에 커리어 우먼으로서의 능력도 출중한 친구가 있다. 그녀에게 있어 출산 후 1년간의 육아휴직 기간은 그야말로 '창살 없는 감옥'이었다. 외향적인 성격의 그녀가 집에서 24시간 내내 아이만 보려니 하루하루 답답하기 짝이 없었다.

남들은 앞서가는데 자신만 뒤처지는 것 같이 느껴졌고, 아이도 사랑스러워 보이지 않았다. 나중에는 우울증까지 왔다. 마침내 육아휴직이 끝나고 직장에 다시 복귀했을 때, 그녀는 말 그대로 '숨통이 트이는 것' 같은 해방감을 느꼈다.

다시 직장생활을 하게 되면서 그녀는 자신의 능력을 마음껏 펼쳤고, 아이와 함께 시간을 보내지 못하는데 대한 미안함과 애틋함이 더해져 아이를 사랑하는 마음이 더욱 깊어졌다. 이제 워킹맘 생활 5년 차에 접어드는 그녀는 현재의 삶에 만족하며 앞으로도 계속 워킹맘으로 살 계획이다.

나의 경우를 비춰보자면, 현재로써는 전업주부 생활이 적성에 맞는 것 같다. 한때 워킹맘으로 잠시 살았던 적이 있었다.

참 좋은 직장에서 좋은 상사들에게 인정받으며 일했지만, 가정과 일을 양립하는 것이 내겐 벅찼고 내 손으로 직접 아이를 키우지 못하는 데 대한 상실감이 무척 컸다.

전업주부가 되고 나서야 나는 비로소 예민하게 날을 세웠던 나 자신을 좀 더 편안하게 내려놓을 수 있었다. 당시 일과 가정의 양립으로 힘들어했던 나를 모른척하던 남편에 대한 원망도 줄어들었다. 내 손으로 아이를 키우니 아이도 나도 심리적으로 안정되어 갔다.

지금은 글을 쓰는 일을 직업으로 삼고 있지만, 작가 역시 일종의 프리랜서라 육아와 살림을 병행할 수 있어 전보다 훨씬 여유롭다. 연봉과 조건이 훨씬 좋은 직업도 있을 것이고, 다른 인생을 선택할 수도 있겠지만, 나는 가정도 좋아하는 일도 양립할 수 있는 지금이 가장 행복하다.

어떤 것이든 자신에게 맞는 삶의 선택지가 있다는 것을 사람들은 잘 알고 있다. 자신의 성향과 환경을 고려해 보았을 때 워킹맘으로 사는 것이 잘 맞는다면 그 사람에게는 그것이 정답이고, 전업주부로 사는 것이 더 낫다고 생각된다면 전업주부로 사는 것이 정답이다. 남들의 시선 따위는 신경 쓰지 말고 현재에 행복을 느끼며 최대한 열심히 살면 된다는 것을 우리들은 머리로는 잘 이해하고 있다.

그럼에도 불구하고 워킹맘과 전업주부 간 공방이 계속되는 가장 큰 이유는, 마음속 깊숙이 자신이 선택한 길이 과연 옳은가 하는 불안감이 도사리고 있기 때문이다. 또한 내가 갖지 못한 삶을 누리는 상대방에 대한 부러움과 질투도 섞여 있기 때문이다. 사람들은 누구나 자신이 가지 않은 길에 대한 미련과 아쉬움을 가지고 있다. 내가 가진 떡보다 남이 갖고 있는 떡이 더욱 커 보이는 법이다.

워킹맘들의 눈에는 평일 낮에 백화점에 유모차를 끌고 나와 한가로이 쇼핑과 커피를 즐기는 전업주부들이 세상에서 제일 팔자 좋은 여자들로 보인다. 전업주부들은 멋지게 정장을 차려입고 커리어를 쌓으며 경제적인 풍족함을 누리는 워킹맘들이 부럽다. 특히 해외여행이며 명품백 구입 등 워킹맘들이 여유 있게 소비하는 모습을 보면, 자신이 한없이 작아짐을 느낀다. 프로스트의 「가지 않은 길」에서 노래하듯, 내가 못 가진 삶에 대한 아쉬움을 갖고 있는 것이다.

거기다 오지랖 넓은 주변 사람들의 잔소리까지 더해지면 '지금 내가 사는 방식이 과연 맞는 것인지'에 대한 불안감이 가중된다. 엄마들은 자신이 '좋은 엄마'인지에 대한 불안감을 항상 안고 있기 때문이다. 이러한 여러 감정들이 복합적으로 작용해, 워킹맘과 전업주부가 서로 반목하게 되는 것이다.

겉으로 드러난 모습만 보면 상대방이 마냥 부러워 보일 뿐이다. 그 이면에 어떤 애환과 고뇌가 숨겨져 있는지는 타인의 눈에 보이지 않는다. 사실 양쪽 모두 사는 게 녹록지 않다는 것을 사람들은 알지 못한다.

워킹맘은 경제적으로 좀 더 여유롭고 자신의 커리어를 쌓을 수 있는 장점이 있는 대신, 가족과 함께 보내는 시간이 적다. 아이들에겐 항상 미안한 마음이고 직장에서는 아이들 문제로 조퇴하거나 칼 퇴근할 때면 눈치가 보인다. 일과 가정 둘 다 병행하려니 몸도 마음도 두 배로 힘이 든다. 게다가 일에 치여 아이들에 치여 전쟁 같은 나날들을 보내느라 살림은 거의 포기하게 된다. 피곤함을 달고 살며 자신을 돌볼 여유는 갖기 힘들다.

전업주부들은 경제적인 문제가 가장 큰 걱정거리이다. 아끼고 줄여가며 알뜰하게 살지 않으면 안 된다. 남들처럼 저축도 많이 하고, 식구끼리 오붓하게 여행도 다녀오고 싶지만 먹고살기 팍팍하니 당장 외식 한 끼 하는 것도 몇 번이나 주저한다.

가장 큰 걱정은 아이들 교육비 문제이다. 아이들 학원비 대려면 당장에라도 나가서 일하고 싶지만, 아이 키우느라 몇 년간 경력이 단절된 아줌마를 받아주는 곳은 많지 않다.

돈 걱정 없는 여유 있는 전업주부라 할지라도 나름대로의 고충이 있다. 워킹맘은 일에서 성취감을 느끼지만 전업주부들은 집안일에서 성취감을 느끼기 힘들다. 집안일은 눈에 보이는 수치나 성과가 나타나는 것이 아닌 반복적인 노동이기 때문이다. 잘해야 현상유지고 어쩌다 한번 신경을 못 쓰면 금방 티가 난다. 게다가 남편까지 은근히 전업주부를 무시하는 듯 한 말을 하면 내가 왜 이러고 살아야 하는지 속상하기 짝이 없다.

갈수록 먹고살기 팍팍해지는 세상. 아이를 키우고, 남편 뒷바라지를 하면서 동시에 경제적 부담까지 떠안아야 한다. 전업주부와 워킹맘은 동시대를 살아가는 여성으로서 이러한 서로의 아픔과 고민을 누구보다 잘 알고 있다. 때문에 그들은 서로 비난의 눈으로 봐라 보아야 할 상대가 아니라 서로의 입장을 이해하고 위로해 주어야 할 동료인 것이다.

요즘은 의료와 각종 기술의 발달로 평균 수명 80세 시대에 접어들었다. 워킹맘이라고 해서 80세까지 직장 생활을 쭉 하리라는 보장도 없고, 현재 전업주부라도 해도 언제 다시 일터로 나가게 될지 모르는 일이다. 당신이 있는 그 자리에 영원히 머물러 있으리라는 법은 없다.

세상사가 돌고 돌게 되어있듯, 그렇게 비난하던 상대방의 자리에 내가 서게 될지도 모르는 일인 것이다.

결국 워킹맘이든 전업주부든 당신이 선택하는 삶이 바로 최선의 삶이다. 당신에게 있어서만큼은 그것이 정답인 것이다.

남들의 말에 신경 쓰지 말고 내가 선택한 이 삶에 최선을 다해 열심히 살면 된다. 그리고 내 삶의 방식 또한 남들에게 강요해선 안 된다.

'요즘 세상에 맞벌이 안 하는 집이 어디 있어?', '아직도 집에서 놀고 있니?', '엄마가 직장에 다니면 애들이 밖으로 돌더라.' 같은 말들은 타인에게 상처만 될 뿐이다. 그런 생각들은 그저 한 사람의 생각일 뿐 남들에게도 그대로 적용되는 것이 아니다.

19세기 영국의 소설가 오스카 와일드(Oscar Fingal O' Flahertie Wills Wilde)는 "이기주의란 내가 원하는 대로 사는 것이 아니라, 타인에게 내가 원하는 방식으로 살라고 요구하는 것."이라고 말했다. 워킹맘이 좋다, 전업주부가 좋다고 서로 목청을 높이는 이면에는 어쩌면 타인의 사는 방식을 인정하지 않고 내 방식만이 옳다고 생각하는 이기심이 숨어있는 것은 아닐까?

05 슈퍼 우먼의 망토를 벗어 던져라

얼마 전 강연을 나갔을 때 일이다. 강의가 끝나고 한 30대 여성이 상담을 청해왔다. 그녀는 자신을 대기업에 근무하고 있는 30대 워킹맘이라고 소개했다. 그녀에게는 고민이 있었다. 직장에서도 가정에서도 자신의 역할을 잘해내고 싶은데, 그게 쉽지 않다는 것이었다.

그녀는 학창시절 내내 1등이었고, 명문대에 입학하여 장학금을 놓치지 않았으며, 졸업 후 대기업에 좋은 성적으로 입사했다. 남들보다 유독 승부욕이 강하고 완벽을 추구하는 성격의 그녀였기에 일도 가정도 모두 완벽하게 해내고 싶었다. 다행히 회사에서는 능력을 인정을 받으며 커리어 우먼으로 승승장구 하고 있었고 가정에도 최선을 다했다.

아무리 바빠도 가족들 식사는 유기농으로 손수 만들었고, 집 안은 머리카락 한 올 없는 완벽한 청소상태를 유지했다. 쿠션 이나 장식들 같은 인테리어 소품들도 손수 만들어 집안을 꾸몄 다. 엄마가 직장에 다니기 때문에 아이에게 신경 쓰지 못한다 는 말이 듣기 싫어, 몇 십 만 원씩 들여가며 교구를 들였고, 관 련 자격증도 따서 아이를 직접 가르쳤다. 그녀는 아이 교육에 그야말로 엄청나게 신경을 썼다.

직장생활을 하면서 완벽한 가정의 모습을 유지하려고 하다 보니 그녀의 수면시간은 평균 2~3시간 밖에 되지 않았고, 이 는 수면부족과 만성피로로 나타났다. 몸 상태가 좋지 않으니 신경이 예민해졌고 남편과 아이에게 짜증을 자주 내게 되었다. 또한 청소나 빨래, 요리 집 꾸미기 등을 하느라 정작 쉬는 날에 도 아이와 눈을 맞추고 살을 비비며 노는 시간은 부족했다.

게다가 그녀는 자신이 정해놓은 기준에 남편과 아이들이 따 라오기를 바랐다. 남편은 그런 그녀의 모습에 숨막혀했다. 또 한 비싼 교구들을 구입하고 전집을 몇 십 권씩 들이는 그녀의 노력에 비해 아이 교육은 성과가 없었다. 교육에 그렇게 열과 성을 다했는데도 엄마와 교감을 나눌 기회가 적으니 아이의 발달은 오히려 다른 아이들에 비해 느렸다. 그녀는 물었다.

"사람들은 저를 부러워해요. 좋은 집과 좋은 직장을 가지고 있고, 남부러울 것 없이 살고 있으니까요. 그런데 전 정말 지금 이 삶이 버겁고 힘들어요. 제가 어떻게 해야 할까요?"

그녀의 문제는 바로 그 '노력'이었다. 좀 더 잘하려는 마음, 좀 더 완벽해지려는 욕심. 그런 것들이 그녀 스스로를 옭아매 버린 것이다. 나는 그녀에게 '좀 내려놓고 살라'고 권했다. 무엇이든지 다 잘해야 한다는 강박관념을 벗어던지고 집에서 만큼이라도 좀 편안하게 쉬라고 말이다.

생각해 보자. 엄마가 365일 집안에 먼지 한 톨 없도록 청소하고 유기농 음식들을 준비하느라 바빠 정작 아이들과 시간을 보내지 못한다면, 아이들은 과연 행복할까? 집안이 좀 지저분하더라도, 유기농 음식이 아니더라도 아이들에게는 엄마와 노는 것이 훨씬 좋을 것이다.

얼마 후 그녀에게서 메일이 왔다. 그동안 작은 변화가 있었다고 했다. 이제는 집안 청소에 전처럼 열과 성을 다하지도 않고, 종종 설거짓감을 미뤄 놓은 채 아이와 놀이를 하기도 한다고 했다. 집안이 엉망이 될 때도 있고, 가끔은 반찬가게에서 반찬을 사다 먹거나 배달음식으로 끼니를 때울 때도 있지만 그녀의 마음은 전보다 훨씬 편하다고 했다. 아이에 대한 기대와 욕심도 많이 내려놓았다고 했다.

집안일도 남편과 나누어 같이 하다 보니 부부 사이도 더욱 좋아졌다. 이제 그녀에게 가정은 제2의 직장이 아닌 편안하게 쉴 수 있는 안식처가 되었다. 그녀가 한결 편안해졌다는 소식에 나 또한 마음이 뿌듯했다.

그녀처럼 많은 여성들이 가정과 직장, 육아 등 모든 면에 완벽한 슈퍼우먼이 되고자 하는 강박 관념에 시달린다. 본인의 욕심에서 비롯된 경우도 있고, 주위 사람들의 기대와 사회적 분위기가 여성에게 엄마로 아내로 직장인으로서의 역할을 완벽히 해내도록 요구하기도 한다.

한때 어느 TV 방송에서 유부녀 연예인들의 일상을 다룬 프로그램이 방영된 적이 있었다. 카메라에 비친 그녀들은 그야말로 완벽했다. 아이 엄마라고는 믿기지 않는 아름다운 외모와 늘씬한 몸매, 전문가 뺨치는 인테리어 솜씨와 대장금도 울고 갈 훌륭한 상차림. 그리고 방송 활동을 하느라 바쁜 와중에도 자녀에게 언제나 미소로 대하는 우아한 모습. 그녀들은 모든 것을 다 가진 듯 보였다.

그러나 그런 그녀들도 때론 아이들에게 짜증을 내기도 하고, 힘들 때면 가족들에게 밥 대신 라면을 끓여주기도 하는 평범한 여자들이라는 것. 가사 도우미나 베이비시터의 도움 없이는 그녀들이 우아한 라이프스타일을 유지하기 불가능하다는 것은 TV에 나오지 않는다. 그녀들의 모습 역시 만들어진 것일 뿐인데 시청자들은 이를 알 리가 없다.

'슈퍼우먼 증후군'이라는 신조어가 있다. 여성들이 직장에서도 가정에서도 완벽하게 잘 해내려고 애쓰다가 그것이 스트레스가 되어 나타나는 증상이라고 한다. 슈퍼우먼 증후군을 겪고 있는 여성들은 눈 질환, 두통, 불안감 등의 신체 증상을 호소하기도 한다.

아내들도 사람인데, 몸은 하나인데 직장인, 아내, 엄마, 며느리 등 맡은 역할은 여러 가지이다. 하나만 잘 해내기도 어려운데 여러 가지를 동시에 한꺼번에 잘 해내려고 하다 보니, 힘에 부치고 스트레스는 가중된다. 자신의 능력 이상으로 무리하게 하려고 하다 보니 피로가 쌓이고 건강은 악화된다. 결국 바깥일도 집안일도 모두 힘들어진다. 두 마리 토끼를 잡으려다가 모두 놓친 꼴이 되는 것이다.

국내 굴지의 헤드헌팅업체인 You&Partners의 유순신 대표는 한 일간지와의 인터뷰에서 직장 여성들에게 일과 가사를 다 잘하겠다는 이른바 '슈퍼맘 콤플렉스'를 벗어던지라고 말한 바 있다.

유 대표는 "기혼여성이라면 슈퍼우먼이 될 생각을 하지 마

라. 집안일이든 바깥일이든 둘 다 잘하려다가 본인이 망가진다. 못하는 건 못한다고 '노'라고 말하라"라고 강조한다. 삶의 균형을 잡는 것은 쉽지 않은 문제이다. 혼자 다 안고 가려다가 자칫하면 균형을 잃을 수 있다. 때문에 아내들은 자신이 할 수 있는 것과 할 수 없는 것들을 먼저 구분한 후, 할 수 있는 것들에만 전념해야 한다.

전업주부들도 마찬가지이다. 경제활동을 하지 않는 만큼 살림과 육아를 더 잘해야 한다는 생각이 강박관념이 된다. 요즘에는 주부 블로거들이 자신의 요리솜씨, 수납정리, 집 꾸미기 등 뛰어난 솜씨를 뽐낸다. 그들의 블로그를 보고 있노라면 왠지 기가 죽는다. 끼니마다 구첩반상이라도 차려야 할 것 같고 집안을 카페처럼 예쁘게 꾸며야 할 것 같으며, 아이들 교육은 똑 부러지게 가르쳐야 할 것 같은 부담감에 사로잡힌다.

아이러니한 사실은 엄마가 너무 잘하려고 한다고 해서 그것이 항상 좋은 결과를 가져오는 것은 아니라는 점이다. 그 대표적인 사례가 지나친 청결로 인한 부작용이다. 너무 청결한 환경은 아이 정서에 그리 좋지만은 않다. 지나치게 청결을 강조하는 부모 밑에서 자란 아이가 강박증에 걸릴 확률이 높다는 것은 이미 잘 알려진 사실이다.

선진국병이라 불리는 아토피 역시 환경이 너무 깨끗할 때 생긴다. 지나치게 청결한 환경에서는 나쁜 균은 물론 면역력을 키우는 좋은 균까지 박멸되기 때문이다.

독일 뮌헨대 무티우스 박사의 연구를 보면, 통일 전 깨끗한 선진국이라 일컬어지던 서독에서 어린이 천식과 알레르기 발병률이 급증한 반면, 더럽고 가난한 나라라고 여겨지던 동독에서는 어린이 천식이나 알레르기 환자가 없었다고 한다. 그 이유는 동독에는 농장 축사가 많았는데, 아이들이 이 축사에서 나오는 세균이 뒤섞인 먼지 속에서 생활했기 때문이다. 면역체계가 형성되는 어린 시절에 세균에 많이 노출된 아이일수록 천식과 알레르기에 덜 걸리게 된다. 우리가 알고 있는 상식을 완전히 뒤집는 결과이다.

몇 해 전부터 '발트킨더가르텐(Waldkindergarten)'이라고 하는 숲 유치원이 우리나라에 들어와 호응을 얻고 있는 것도, 더럽다고만 여겨졌던 '흙'의 교육적, 정서적 유익함이 자연의 중요성과 함께 다시금 재조명 받고 있기 때문이다.

아이들 교육 또한 마찬가지이다. 어릴 때부터 학습지며 방문수업을 시키고, 영어 유치원과 사교육에 매진한다고 해서 아이들이 또래보다 뛰어날 것 같은가? 절대 그렇지 않다. 마음껏 뛰어놀아야 할 나이에 과도한 사교육을 시킨다면, 아이에게 공부에 대한 거부감만 심어놓는 결과를 초래할 뿐이다.

결국 여자들을 옭아매는 것은 스스로가 갖고 있는 강박관념이다. 모든 것을 완벽히 잘해낼 수 없고, 그래야 할 필요도 없다. 당당하게 못 하는 건 못한다고 인정하고, 자신이 잘할 수 있는 것, 중요한 것에만 집중하면 된다.

몇 년 전 초등학교 저학년 외국 아이들을 대상으로 양육과 모성에 대한 설문조사를 실시했다. 설문조사의 문항 중에는 '엄마에게 가장 바라는 것이 무엇인가?'라는 질문이 있었다고 한다. 조사관들은 아이들이 "엄마와 좀 더 많이 시간을 보내고 싶어요."라고 응답할 것으로 예상했다. 그러나 가장 높은 비율을 차지한 대답은 "엄마가 지금보다 좀 더 행복해졌으면 좋겠어요."였다.

아이들이 바라는 것은 엄마가 보다 편안하고 행복해지는 것이다. 그러니 이제 제발 좀 부담감과 의무감에서 좀 벗어나자. 행복한 엄마가 되어 편안하고 즐거운 모습을 아이에게 보여주는 것, 그것이 바로 당신이 다른 모든 일을 제쳐놓고 해야 할 일이다.

06 사이좋은 고부관계 뒤에는 '적당한 거리 두기'가 있다

얼마 전, 신혼집에 수시로 드나들던 시아버지 때문에 현관문 비밀번호를 바꾼 며느리의 이혼 신청을 법원이 허락했다는 기사가 보도된 적이 있다. 사건의 전모는 이렇다. 한 신혼부부가 시댁과 10분 거리에 집을 얻었다. 그런데 비밀번호를 누르고 시도 때도 없이 마음대로 자신의 집에 드나드는 시아버지 때문에 며느리 A씨는 엄청난 스트레스를 받았다. 그녀는 남편에게 집 비밀번호를 바꾸자고 여러 차례 이야기를 했지만 남편은 그럴 수 없다며 반대했다. A씨는 그럼 이사라도 가자고 남편을 재촉했다.

이 문제로 부부는 갈등을 빚었고, 이를 알게 된 시아버지는 '멍청한 내가 너희 집에 마음대로 가서 피해를 줬다. 앞으로 너희들한테 절대 가지 않을 테니 걱정 마라.'며 며느리에게 두 번 다시 보지 말자고 문자메시지를 보냈다. 화가 난 남편은 아버지에게 사과하라고 요구했고, 그 스트레스를 견디지 못한 A씨는 자살 기도를 하기에 이르렀다. 결국 이들은 별거에 들어갔다.

법원은 갈등을 '대화'로 해결하지 않은 부부 둘 다에게 원인이 있다고 보았지만 특히 남편에게 "부인의 고민에 동감하고 배려하지 않고, 시부모 사이의 관계를 슬기롭게 조율하지 못했다."며 더 큰 책임을 물었다고 한다.

비슷한 경우를 내 주위에서도 본 적이 있다. 시댁과 한동네에 집을 얻은 고등학교 동창 K 역시 신혼 초 남편이 그녀와 한마디 상의 없이 신혼집 비밀번호를 시부모님께 알려드렸다. 시부모님은 출산 후 시도 때도 없이 그녀의 집을 드나들었고, 자연히 시댁과 사생활을 공유할 수밖에 없었다. 이 문제로 K는 엄청난 스트레스를 받았지만, 남편은 오히려 우리 엄마 아빠가 얼마나 자주 온다고 그러냐며 K를 예민한 사람으로 몰아세웠다. 결국 K는 남편과 사이가 악화될 대로 악화되었고 이사를 강행해 겨우 벗어날 수 있었다. 재미있는 사실은, 자신의 부모에게 비밀번호를 알려준 것은 아무렇지 않게 여기던 남편이 처가식구들에게 비밀번호를 알려주는 것에는 예민하게 반응했다는 사실이다. 이사를 간 후 친정 부모님이 그녀의 집에 방문하실 일이 있었다. K는 볼일 때문에 밖에 나갔다 들어오는 길이었기 때문에 먼저 들어가 계시라고 비밀번호를 알려드렸다. 그런데 남편이 이 사실을 알고는 왜 함부로 비밀번호를 알려드렸냐며 길길이 날뛰었다. 자신의 부모에게는 괜찮고, 장인 장모에게 알려준 것은 용납하지 못하는 남편의 이중성에 그녀는 혀를 내둘렀다.

내 부모님인데 그까짓 비밀번호 좀 알려주는 것이 뭐가 대수냐고 반문할 수도 있을 것이다. 하지만 이는 단순히 번호를 알려주는 문제뿐만 아니라 개인의 사생활과 생활 영역에 관한 문제이기에 결코 가볍게 여길 문제가 아니다.

이렇게 사생활과 비밀번호를 둘러싼 갈등이 생기는 근본적인 원인은 아들의 독립을 인정하지 않는 일부 시부모들의 사고방식 때문이다. 아들이 '결혼해서 독립했다'고 생각하지 않고, 우리 집안에 '며느리가 들어왔다'고 여기기 때문에 아들을 언제까지나 옆에 끼고 간섭하려고 한다. 거기다 아들까지 정신적으로 독립하지 못했다면 가정의 행복은 유지되기 어렵다.

얼마 전 '한국여성정책연구원'에서는 기혼여성들을 대상으로 한 결혼 만족도 조사에서, '친정은 걸어서 갈 수 있는 거리에, 시댁은 차로 2시간 이상 거리'에 있는 경우 결혼 만족도가 가장 높게 나타났다고 발표했다. 이러한 결과가 나오게 된 원인을 순전히 며느리들의 이기심 때문이라고 여긴다면 그것은 지극히 단편적이고 단순한 생각이다.

때로는 너무 가까운 것이 차라리 먼 것만 못하기도 한다. 가까이 사는 것 자체가 나쁘다는 것은 아니다. 서로 사생활을 지켜주고, 적당한 거리만 유지한다면 이웃해서 나란히 살아도 불편할 것은 없을 것이다.

문제는 사람마다 지키고 싶어 하는 자신만의 영역이 차이가 있다는 점이다. 누구나 타인과 어느 정도 '적당한 거리'를 두고 관계를 맺는데, 이 거리라는 것이 사람마다 달라서, 어떤 사람은 내 사생활이 알려지는 것을 싫어하는 반면 어떤 사람은 친한 사람들에게 자신의 오늘 일과는 물론 주말 스케줄까지 공유하는 것을 당연하게 생각하기도 한다.

그러니 가치관이 다른 사람들끼리 가까이 살면 당연히 갈등이 생기지 않겠는가. 그것뿐이랴. 자주 오가다 보니 서로의 생활패턴, 습관, 살림하는 방식, 부부사이까지 눈에 보이기 시작한다. 때문에 멀리 떨어져 살 때는 반갑고 다정하던 고부간도 가까이 살거나 합가를 하면서 사이가 나빠지곤 하는 것이다.

새를 사랑한다면 새장 속에 가두어 두어선 안 된다. 넓은 세상으로 훨훨 날아가도록 새장 문을 열어줘야 한다. 자식 사랑도 마찬가지이다. 진정 자식을 위한다면 부모는 자식을 정신적으로, 물질적으로, 육체적으로 독립시켜야 한다. 그래서 거친 세상을 남의 도움 없이 살아갈 수 있도록 지켜봐주고, 시련에 맞닥뜨렸을 때 혼자 힘으로 극복하도록 내버려 두어야 한다.

요즘에는 결혼한 자식들의 육아를 지원하거나 금전적으로 도우려는 부모들이 많다. 요즘 세상이 워낙 살기 힘들다 보니 부모의 지원이 없으면 자식들이 자리 잡는데 어려움을 겪는 것 또한 사실이다. 하지만 피치 못해 부모의 도움을 받는다고 하더라도 도움은 최소한이 되어야 한다. 부모들의 과보호와 간섭이 자식들을 성인이 되어서도 연로한 부모에게 의지하고 기대는 '캥거루족'으로 만들기 때문이다.

각자의 생활 방식과 사생활을 지키면서 사이좋은 관계를 유지하기 위해서는, 부모와 자식이 함께 '적당한 거리'를 찾아야 한다. 그러기 위해서 가장 필요한 것은 '열린 마음으로 대화를 나누려는 자세'와 '상대방의 뜻을 존중하는 태도'일 것이다. 허심탄회하게 서로의 생각을 이야기 하면서 상대방이 싫어하는 것들이나 배려가 부족했던 점을 이해하고 고쳐나가야 한다.

마지막으로 쇼펜하우어의 『여록과 보유』에 나오는 '고슴도치 딜레마'(Hedgehog dilemma) 이야기를 소개 한다.

　어느 추운 겨울날이었다. 매서운 추위에 고슴도치들이 온기를 유지하고자 서로 가까이 모여들고 있었다. 그러나 가까이에서 따뜻함을 느낀 것도 잠시. 상대방의 몸에 나있는 가시에 찔려 그들은 멀찌감치 떨어질 수밖에 없었다. 무리에서 멀어지자 다시 매서운 추위가 몰아쳤다. 그들은 또 다시 달라붙었다. 하지만 달라붙기가 무섭게 가시가 서로를 찔러댔다. 그렇게 붙었다 떨어졌다가를 반복하다가 마침내 그들은 상대방의 가시를 견딜 수 있는 적당한 거리를 유지하는 법을 배우게 되었다.

　이렇게 추운 겨울 다가가면 찔리고 멀어지면 추위에 떨기를 반복하며 마침내 만족스러운 거리를 찾아낸 고슴도치들처럼, 오래도록 행복한 관계 맺기를 위해 아름다운 거리를 두자.

07 끌려 다닐 거면
차라리 나쁜 여자가 되라

이솝 우화에 나온 이야기이다. 낙타를 한 마리 데리고 사막을 오가며 장사를 하는 아라비아 상인이 있었다. 사막은 낮에는 너무 덥고 밤에는 몹시 추웠다. 어느 날 밤 상인이 천막 안에서 잠을 청하고 있는데, 낙타가 자신의 머리를 슬그머니 천막 안에 밀어 넣고 주인에게 애원했다.

"주인님, 너무 추워서 그러는데 머리만 좀 천막 안에 넣게 해주세요."

마음 착한 아라비아 상인은 오들오들 떠는 낙타가 불쌍해 그러라고 허락을 해 주었다. 얼마 지나지 않아 낙타는 또 다시 주인에게 애원했다.

"주인님, 저 목도 좀 따듯하게 녹이면 안 될까요?"

이번에도 상인은 낙타의 부탁을 들어주었다. 한 시간 쯤 지났을까, 낙타는 또다시 주인에게 요청했다.

"목을 길게 빼고 있으려니 아파서 그러는데, 앞다리만이라도 좀 천막 안에 들여놓게 해주세요."

앞다리까지 천막 안으로 들어온 낙타는, 이번에는 몸통도 좀 따뜻하게 녹이자고 말했다. 이런 식으로 낙타는 슬금슬금 천막 안을 점령한 다음, 마침내 주인에게 말했다.

"주인님, 작은 천막 안에 우리 둘이 있으려니 너무 비좁군요. 몸집이 작은 주인님 보다는 몸집 큰 제가 천막 안에 있는 것이 더 낫지 않겠어요? 주인님이 밖에 나가 주무세요."

결국 주인은 밖으로 쫓겨날 수밖에 없었다.

우리는 살아가면서 수많은 사람들과 관계를 맺고 살아간다. 혼자서는 살아갈 수 없기에 사람을 '사회적인 존재'라고도 일컫기도 한다. 그런데 사람들과 이리저리 부대끼며 살아가다 보면, 종종 남들로부터 부탁을 받게 되는 상황이 생긴다. 길에서 학습지나 우유를 판매하는 영업사원들의 판매 행위나 돈 좀 빌려달라는 지인의 연락 역시 부탁의 한 형태일 것이고, 퇴근을 앞둔 시간, 자신의 일을 떠넘기는 얄미운 상사의 지시 역시 부탁이라면 부탁일 것이다.

거절할 때 거절하지 못하고 부탁을 하나 둘 들어주기 시작하면, 낙타에게 천막을 뺏긴 주인처럼 남들에게 휘둘리게 될 것이고 단칼에 거절을 하자니 사람이 너무 매몰차 보일 것 같다. 거절 후 인간관계가 악화되지는 않을까 걱정도 된다. 머리를 굴려가며 어떻게 거절을 할지 고민 해봐도 상대의 마음을 상하지 않게 하면서 거절하는 방법을 찾기는 어렵다.

심성이 착하고 모질지 못한 친구가 있다. 그녀는 동네에 비슷한 또래의 엄마들 몇 명과 무리지어 친하게 지내고 있었는데, 얼마 전 모임에서 탈퇴했다. 모임에서 차를 끌고 다니는 사람이 그녀뿐이라는 것이 화근이었다.

처음에는 모임이 있는 날 엄마들을 태워 식사장소에 갔다가 끝나고 나면 각자 집에 내려 주는 정도였다. 그러나 그녀가 호의를 베푸니 엄마들은 호의를 권리로 알기 시작했고, 점차 자신들의 개인적인 용무에 그녀를 부르기 시작했다.

마트에 가야 한다며 집에 있는 그녀에게 전화해 나오라고 하거나 학원에서 끝난 자신의 아이들 픽업을 맡기기도 했고, 심지어 택시가 잡히지 않는다며 그녀를 호출하기도 했다. 그러면서 누구 하나 고맙다는 말 한마디 없었고, 기름 값 한번 챙겨주는 사람도 없었다.

남들 운전기사 노릇 하느라 정작 자기 볼일도 못보고, 고맙다는 소리도 듣지 못하니 그녀는 점점 짜증이 나기 시작했다. 그녀는 엄마들을 슬슬 피하기 시작했고, 결국 모임에서 멀어지게 되었다.

중소기업에 근무하고 있는 J는 상사의 상조 가입 권유에 골치가 아프다. 그녀의 상사는 쿨하고 부하직원들을 잘 챙기는 사람으로 평가받고 있지만, 그가 투잡으로 하고 있는 상조 판매가 문제다. 이미 그녀 말고도 같은 부서의 여러 직원들이 상사의 권유에 못 이겨 울며 겨자 먹기로 상조에 가입을 했다.

혹시라도 상사가 자신에게도 가입을 권유할까 두려워 요리조리 피해 다녔지만, 역시 그녀도 상사의 레이더망을 피할 수는 없었다. 상사는 그녀에게 점심을 사주며 상조에 가입하라며 권유를 했다. 이미 다른 상조에 가입해있다고 둘러댔지만, 많으면 많을수록 좋은 거라며 계속 권하는 통에 거절을 할 수가 없었다. 괜히 거절했다가 상사로부터 후환이 오지 않을까 두려웠던 J는 눈물을 머금고 상조에 가입했다.

지인 K는 어느 날 느닷없이 시부모로부터 '들어와 살라'는 통보를 받았다. '합가해 돈을 모아 집을 사서 분가하라.'는 것이었다.

비록 전세이지만 현재 거주하고 있는 집이 있는 K로서는 갑

작스러운 시부모의 말을 받아들일 수 없었다. 부모님의 건강 악화라거나 경제적인 어려움 등 합가를 할 수 밖에 없는 이유가 있는 것도 아니었다. 게다가 합가를 한다는 가정 하에 부부가 저축으로 수도권의 집을 사는데 까지 걸리는 기간을 대충 계산해 보니 10년도 더 넘게 걸리는 것으로 나왔다. 주변에 합가한 지인들이 고부간의 소소한 갈등으로 얼마나 힘들어 하는지 보아온 K로서는 그들의 전철을 밟을 생각은 전혀 없었다.

그렇다고 K가 평생 시부모를 나 몰라라 하려던 것은 아니었다. 먼 훗날 연로해지시거나 어느 한분이 돌아가신다면 근처에 살면서 돌봐드리려고 막연히 생각은 하고 있었다. 차라리 고부간에 사이가 좋지 않았다면 단칼에 싫다고 말하겠지만, 평소 사이는 좋은 편이었다.

그녀만 참으면 모두가 편해지는데, 괜히 싫다고 했다가 고부관계가 악화되거나 가족 분위기만 나빠지면 어쩌나 하고 걱정이 되었고, 시부모님과 남편이 서운해 할 것 같아 마음이 쓰이기도 했다. 하지만 그렇다고 해서 자유를 포기하고 벌써부터 합가를 할 수도 없는 노릇이었다.

몇날 며칠을 고민한 끝에 그녀는 '못하겠다.'고 말씀드렸다. 이런저런 변명을 해볼까 했지만, 핑계를 대기 시작하면 끝이 없을 것 같았다. 그녀는 솔직하게 자신의 생각을 말씀드렸고 시부모님은 서운해 했지만 곧 '알았다'며 포기했다.

이 일을 계기로 그녀는 마음가짐을 바꾸었다. 이전까지는 윗사람의 말에 무조건 고분고분 따라야 한다고 생각했었다. 하지만 윗사람이라고 해서 그들이 언제나 옳은 것은 아니었고, 무조건 따르기만 하는 것이 바람직한 것도 아니었다. 오히려 아랫사람이라도 자신의 의견을 피력하고 서로 간에 합의점을 찾아 조율하는 것이 더 현명한 방법이라는 것을 깨달았다.

신기하게도 그녀가 솔직하게 말을 하기 시작하니 결혼 후 지금까지 시부모에게 쌓여 있던 해묵은 오해와 서운함 들이 점차 사라지는 것을 느꼈다. 시부모 또한 점차 어떤 일을 결정함에 있어서 무작정 자신들의 생각을 강요하기 보다는 먼저 아들 내외의 의견을 구하기 시작했다. 인간관계에서 가장 중요한 것은 바로 솔직하고 진솔한 태도였다.

위의 이야기들을 보며 사람들과의 관계가 악화되지는 않을까 겁이 나서 거절해야 할 때 거절하지 못한다면, 결국 남에게 끌려 다니게 된다는 것을 느끼게 된다. 먼저 거절을 잘 하기 위해서는 쓸데없는 죄책감을 버리는 것부터 필요하다. 거절하는 것은 자기 자신과 상대방을 위해서도 결코 현명한 선택이 아니다. 아닌 것을 아니라고 말하는 것은 결코 이기적인 행동이 아니며, 상대방에게 상처를 주는 것도 아니다.

오히려 무리한 부탁과 요구에 이끌려 앞에서는 'YES' 라고 말한 후, 집에 와서 후회하거나 상대방을 원망하게 된다면, 거절하느니 못한 결과를 초래하게 된다. 차라리 상대방이 서운해하는 한이 있더라도 면전에서 못하는 일은 못한다, 아닌 건 아니다 라고 말할 수 있는 용기가 필요하다.

미국의 저명한 임상 심리학자인 마누엘 스미스(Manuel Smith)는 자신의 책 『내가 행복해지는 거절의 힘』에서 우리가 거절을 어려워하게 된 이유를 설명하고 있다. 그것은 우리가 어릴 때부터 어른들의 말을 안 들으면 죄책감이 들도록 훈련받았기 때문이라는 것이다.

부모들은 아이의 행동을 통제하기 위해 아이가 떼를 쓰거나 부모 말을 듣지 않으면 '그러면 못된 아이야' 라는 식으로 엄포를 놓는다. 부모 말에 순종하면 착한 아이, 거부하면 나쁜 아이가 된다는 논리가 아이들에게 반복적으로 주입이 되는 것이다.

이렇게 우리는 아주 어린 시절부터 '거절'과 '반항'이 나쁜 것이라고 배워왔다. 그래서 성인이 된 후에도 타인의 부탁을 거절하는 것에 죄의식을 느끼고 무의식중에 두려워하게 된다.

마누엘 스미스는 거절을 두려워하는 사람들에게 「자기주장권리 선언 10계명」을 소개하고 이를 상기하도록 하고 있는데, 그 내용은 다음과 같다.

1. 당신은 스스로 판단할 권리가 있다.
2. 당신은 이유를 말하지 않을 권리가 있다.
3. 당신은 스스로 책임질 권리가 있다.
4. 당신은 마음을 바꿀 권리가 있다.
5. 당신은 실수를 저지를 권리가 있다.
6. 당신은 "잘 모르겠다."라고 말할 권리가 있다.
7. 당신은 타인의 호의를 거절할 권리가 있다.
8. 당신은 비논리적으로 결정할 권리가 있다.
9. 당신은 남을 이해하지 않을 권리가 있다.
10. 당신은 "관심 없어."라고 말할 권리가 있다.

거절하기 위해 장황하게 설명하는 것, 상대방을 납득 시키는 것 역시 거절에 따른 죄책감에서 비롯된 것이다. 타당한 이유가 없어도 거절하고 싶으면 거절해도 된다. 그것이 상대방의 호의에서 우러나온 제안이라 할지라도 말이다. 상대방의 제안이 내키지 않는다면 관심 없다고 말할 권리가 있으며 거절하는 이유를 굳이 설명할 필요도 없다.

끌려 다니지 않고 똑 부러지는 사람이 되기 위해서는 연습이 필요하다. 순하고 고분고분하던 사람이 어느 날 갑자기 "노!"라고 말했을 경우, 이전과는 다른 당신의 태도에 사람들은 당황할 것이고 서운함을 느낄 수도 있다. 하지만 거절이 계속 반복되다 보면 차츰 사람들도 익숙해지기 마련이다.

그래도 상대방에게 솔직하게 말하는 게 어렵게 느껴지고, 어떻게 거절해야 할지 고민이 된다면 '거절을 잘하는 방법'에 대해서도 생각해 보자. 김상운의 책 『리듬』에는 매번 집에 와서 반찬을 싹쓸이해 가는 얄미운 시누이를 거절한 사례가 나온다.

시누이는 주인공의 집에 올 때마다 냉장고를 뒤져 먹을 만한 반찬을 가져가곤 했다. 막무가내 시누이 때문에 끙끙 앓던 주인공은 이번에도 시누이가, "언니네 반찬 많네요? 나 좀 가져 갈게요."라고 말하자, "가져가고 싶죠? 나도 드렸으면 좋겠어요."라고 일단 맞장구를 쳐 주었다. 시누이는 "왜요, 가져가면 안 된다는 거예요?"라며 눈을 치켜떴다. 그녀는 말했다.

"이 반찬은 어제 시장에서 장을 봐와서 온종일 열심히 만든 것이에요. 반찬 만드느라 아이들과 놀아주지도 못했죠. 그런데 이걸 가져가 버리면 또다시 장을 보고 하루 종일 반찬을 만들어야 해요. 고모가 나라면 어떻게 하겠어요?"

그녀는 자신의 입장을 객관적으로 설명해 시누이가 올케의 입장에서 생각해 보도록 했다. 또한, 해결 방법을 시누이에게 질문함으로써 스스로 해결책을 떠올리도록 했다. 결국, 시누이는 툴툴거리며 빈손으로 돌아갈 수밖에 없었다. 이렇게 막무가

내로 상대가 나에게 부탁할 때는 저자가 제시한 방법처럼

1. 상대에게 리듬을 맞춰주며 대화가 호의적으로 흘러가도록 하고
2. 내가 처한 상황을 객관적으로 설명해서 상대가 내 입장에 서서 생각해보게 한 후
3. "방법은 없을까요?"하고 물어서 상대가 스스로 판단해 보도록 하는 방법

을 적용해 볼 수도 있을 것이다.

이렇게 거절도 여러 가지 다양한 방법이 있다. 여러 책에서 제시한 방법들을 시도하고 적용 하다보면, 어느새 거절이 어렵지 않고 한결 자연스러워 지게 될 것이다.

덴마크에 '지킬 수 없는 약속 보다는 당장의 거절이 낫다.'는 속담이 있다. 어떤 부탁이던, 누가 부탁하건 간에 무리한 요구라는 생각이 들 때에는 예의를 갖추되 단호하게 거절하자. 가족 간에도, 직장에서도, 친구사이에서도 마찬가지이다, 승낙을 하는 경우, 자신이 들어 줄 수 있는 능력 안에서 즐거운 마음으로 기꺼이 할 수 있을 때 승낙하자.

반드시 기억하자. 내가 허락하지 않는 한 아무도 나의 행동을 조종하거나 자기 마음대로 나를 움직일 수 없다는 사실을. 이제부터는 당당하게 "노!"라고 외치자.

08 아이에게 줄 수 있는 것이 많지 않다는 것은 축복이다

'소황제'라는 단어를 들어본 적이 있는가? '소황제'란 70년대 중국 정부의 '한 자녀 갖기' 운동의 영향으로 외동으로 태어나 부모의 과보호를 받으며 자란 아이들을 뜻하는 단어다. 엄마아빠부터 시작해 할아버지 할머니, 삼촌, 고모까지 아이 위주로 떠받드는 모습이 마치 '소황제' 같다는 데서 유래되었다고 한다. 바로 이 '소황제'들이 성인이 돼서 생기는 각종 부작용이 오늘날 중국 사회의 문제로 떠오르고 있다.

이 아이들은 경제적으로 풍족한 환경 속에서 마치 황제처럼 부모에게 떠받들어지며 자란다. 형제가 없으니 부모와 조부모의 모든 사랑을 독차지한다. 부족한 것 없이 오냐오냐 자랐기 때문에 편식을 하고 무례하고 이기적인 경향이 있으며 낭비벽이 심한 특징을 보인다고 한다. 또 유약하기 짝이 없어 성인이 되어서도 부모에게 의지한다. 중국 언론들은 이 '소황제'들이 사회적 문제가 되고 있다며 그 심각성에 대해 연일 보도하고 있다.

그렇게 자라난 아이는 커서도 부모 없이는 아무것도 못 하는 '반쪽어른'이 된다. 이들이야말로 제대로 된 가정교육은 받지 못한 채, 물질로만 대변되는 잘못된 사랑을 받은 물질만능주의의 희생양이 아닌가 싶다.

우리나라의 현 세태도 중국과 크게 다르지 않다. 우리나라 부모 역시 자식을 애지중지하며 키운다. 아이들은 사랑을 듬뿍 받으며 물질적으로 뭐 하나 부족한 것 없이 자란다.

요즘 젊은 엄마들은 참 똑똑하고 적극적이다. 높은 수준의 교육을 받았고 인터넷을 잘 활용해 정보 습득에 빠르다. 육아에 대한 책은 몇 십 권을 섭렵하고, 아기 기저귀 하나를 사도 생산국과 성분을 꼼꼼하게 따진다.

또 경제적으로 풍족하니 자식에게 최고의 것들을 주려고 한다. 몇 백만 원짜리 유모차며 명품 브랜드의 옷, 몇 십만 원 짜리 장난감 등을 사주는 것은 물론 주말에는 온갖 놀이동산과 키즈카페, 어린이 공연 등 갖가지 놀 거리를 끊임없이 제공한다. 매끼 신선한 유기농 재료로 식사를 준비하는 것은 기본이다.

덕분에 아이들은 물질적인 풍요를 차고 넘치도록 누린다. 아이 교육에는 또 얼마나 신경을 쓰는지. 아이가 아주 어릴 때부터 엄마들은 백만 원이 훌쩍 넘는 교구나 전집을 시기별로 몇 질씩 집안에 들여 놓고, 영어유치원이며 중국어 학원, 축구교실 등 사교육에도 열성이다.

경제적인 여력이 없는 가정이라도 월급의 대부분을 자식 교육에 쓰고, 월급이 부족하면 빚을 내서라도 자식들 교육을 시킨다. 그야말로 아이에게 올인 하는 것이다.

극성인 엄마들을 일컫는 신조어도 생겼다. 마치 헬리콥터가 빙빙 도는 것처럼 자녀 주위에서 지나치게 관여하는 엄마를 일컫는 '헬리콥터 맘', 탄탄한 정보력을 바탕으로 아이의 미래를 하나부터 열까지 계획하고 관리하는 '알파 맘'….

요즘 아이들이 이렇게 풍족하고 좋은 환경에서 자라나는 반면, 상대적으로 제대로 된 인성교육은 받지 못하는 것 같아 안타깝다. '훈육'과 '체벌'을 구분하지 못하는 엄마들은 '아이의 감정과 자존감을 존중해줘야 한다.'는 양육 철학을 잘못 이해한 나머지 아이가 그 어떤 잘못된 행동을 해도 바로잡지 않는다. 식당에서 아이가 소란을 피워도, 친구를 때려도 제지하지 않는다. 내 아이의 자존감만 중요하기 때문이다. 무조건 오냐오냐 떠받들며 아이가 하고 싶은 대로 놔두는 것이 아이의 자존감을 키운다고 생각한다. 그것이 올바른 양육방식인 줄 아는 것이다.

그것뿐인가. 엄마들은 아이의 삶을 계획하고 관리하려 한다. 마치 꼭두각시처럼 아이들은 엄마가 짜놓은 시간표대로 움직인다. 마음껏 뛰어놀지 못한 채 학원을 전전하며 아이들의 자유는 억눌린다. 잘 놀지 못하고 스트레스를 받으며 자라는 아이들은 에너지를 발산할 곳이 없다. 이들은 작은 일에도 예민하고 극단적으로 반응한다.

스스로 결정 해본 경험이 없기 때문에 자신감마저 부족하다. 혼자서 고통을 정면 돌파 할 줄도, 어려움을 극복할 줄도 모른다. 또 타인을 배려하지 않고 자기 자신만 생각하는 이기적인 사람으로 자라기 때문에 성인이 되어 사회생활과 결혼생활에도 문제가 생긴다.

더욱 슬픈 사실은, 그렇게 자라난 아이들이 부모에게 감사하는 마음을 가지기는커녕 자신을 이렇게 키웠다며 부모를 원망하거나, 부모에게 더 큰 경제적 지원을 바란다는 것이다.

때문에 무턱대고 자녀들에게 올인하는 현세대의 양육방식이 과연 올바른 것인지 한 번쯤 되짚어 볼 필요가 있다. '올인'은 모든 것을 다 건다는 말이다. 엄마가 자신의 모든 것을 쏟아 붓고 자식을 통해 꿈을 이루려고 하거나 인생을 보상받으려고 한다면, 그것은 사랑이 아닌 욕심이다. 그리고 그 욕심의 희생양이 되는 것은 자녀이다.

부모의 사랑은 무조건적이지만, 부모의 욕심은 조건적이다. 잘못된 사랑이 욕심이 되어 결국 아이에게 부담이 되고 족쇄가 되는 것이다. 아이가 부모의 기대와는 다른 방향으로 성장하면 욕심으로 키운 부모는 좌절감과 실망감에 빠진다.

자식은 보험이 아니다. 내가 낳았다고 해서 내 소유가 아니다. 아이가 성공한다면 그것은 아이의 성공이지 나의 성공은 아니다. 아이가 성공한다고 해도 보상을 바래서는 안 된다. 엄마의 극성이 사랑에서 비롯된 것인지, 사랑을 빙자한 이기심에서 나온 것인지 아이들은 그 누구보다도 잘 꿰뚫어 보고 있다.

사실 부모들이 자식 교육보다 우선시해야 할 것은 노후 대비책이다. 부모도 언젠가는 늙게 되어있고, 퇴직하는 순간이 오게 되어있다. 퇴직 후 자식들에게 기대지 않고 살아가기 위해서는 반드시 여유자금이 필요하다. 자식 교육에 전 재산을 투자한다면 정작 노후에 오갈 데 없는 신세가 될지 모른다. 일정 선까지만 자식에게 할애하고 나머지는 미래를 위해 운용하는 편이 현명하다.

먹고 살기가 너무나 팍팍한 세상이다. 너무 팍팍해서 취업포기, 결혼 포기, 출산까지 포기하는 3포 세대가 속출한다. 그런 세상에서 자식들이 부모의 노후를 책임지는 것은 엄청난 부담이다. 먹고 살기 팍팍해 자기 가정도 건사하기 힘든데, 어떻게 부모를 책임질 것인가. 물가는 치솟는데 월급은 제자리이고, 아이들 교육비 감당하기도 힘든 마당에 부모 생활비까지 감당하려면 허리가 휘다 못해 부러질 지경이다. 그러다 보니 노후준비가 안되어 있다면 자식에게 부담을 준다는 원망을 듣게 될지도 모른다. 노후대비는 결국 부모와 자식 서로의 행복을 위한 현명한 선택이다.

지인 A와 B의 삶을 보면 부모의 교육이 자녀의 인생에 어떤 영향을 미치는지 여러모로 느끼게 된다. 동년배인 그들은 유복한 환경에서 부족한 것 없이 자랐지만, 살아가는 모습은 참 대조적이다.

A는 성공한 사업가 아버지 밑에서 풍족하고 부유하게 자랐다. A는 여느 집 자식들처럼 무난한 학창시절을 보내고 무난히 서울 상위권 대학에 합격하였다. 입학을 앞두고 있던 어느 날, 아버지는 A를 앞혀놓고, "1학년 1학기 등록금만 대줄 테니 그

다음부터는 네가 알아서 마련해라."라고 말했다. 청천벽력같은 통보였다. 그러나 자식을 보다 강하게 키우기 위한 아버지의 결단이었다. 이후 A의 대학생활은 학업과 아르바이트로 점철된 가시밭길이었다. 부모님은 그가 정 힘이 들 때에만 도움을 주었다.

그는 부유한 부모 덕을 볼 생각은 조금도 없었다. 매일 새벽 2시까지 공부하고 6시에 일어나 아르바이트를 해가며 열심히 공부했다. 그 결과 A는 4년 내내 장학금을 받으며 학교를 마쳤다. 지금은 대학교수의 꿈을 키우며 성실히 박사과정을 밟고 있다.

B역시 남부럽지 않은 유복한 환경에서 자랐다. 부모님은 B에게 물심양면 지원을 아끼지 않았다. 그는 어릴 때부터 옷이며 가방이며 모두 최고급만 가졌다. 그의 부모는 항상 좋은 브랜드를 입어야 한다고 강조했다. 덕분에 그의 안목도 높아져 백화점 브랜드나 명품 아니면 거들떠보지 않았다. 풍족하게 용돈을 받으며 대학을 다녔기 때문에 남들 다 하는 아르바이트 한번을 한 적이 없었다.

그의 부모는 모든 문제를 해결해 주었다, 동사무소에서 서류를 떼는 일이나 물건의 A/S를 받는 사소한 일들까지도 모두 부모가 대신 해주었다. 문제는 취직 후 나타났다. 대학 졸업 후 취업을 한 그의 월급은 여느 직장인들이 그렇듯 고만고만한 수준이었다. 월급은 적어도 안목만큼은 대한민국 1등이었던 그는 자신의 안목에 맞게 명품 구입과 백화점 쇼핑을 즐겨했고, 친구들과의 술자리에서 몇 십만 원이 나와도 호기롭게 나서서 척척 계산했다.

인생을 어떻게 살아야 할 것인가에 대한 진지한 성찰이나 미래에 대한 계획보다는 한창 유행하는 백만 원 상당의 캐나다산 거위 털 잠바가 더 중요했다. 그에게는 순간의 즐거움과 남에게 보여 지는 모습이 더욱 중요했다.

자신의 월급보다 훨씬 더 많은 돈을 쓰며 신나게 카드를 긁어대던 그는 결국 눈덩이처럼 불어나는 카드빚을 감당하지 못해 신용불량자가 될 위기에 처했다. 결국 그는 부모님께 SOS를 쳤다. 나이 서른이 넘도록 모아놓은 돈 한푼 없이 카드빚만 몇 천인 아들을 바라보는 부모의 심정은 참담했다. 사랑하는 아들이 고생할까봐 해달라는 것 다해주며 오냐오냐 키운 것이 오히려 독이 될 줄은 꿈에도 몰랐다. 하지만 후회해도 소용없었다.

요즘 그는 스노보드를 배워보겠다며 최고급 장비를 갖추기 위해 오늘도 백화점을 기웃거리고 있다. 물론 최고급 브랜드로 살 예정이다. 가격은 좀 부담되지만 정 안되면 엄마아빠가 해결해 줄 것이기 때문에 걱정은 없다.

　우리는 풍요와 과잉의 시대를 살아가고 있다. 세상은 우리에게 넘치도록 구입하고 쓰라고 권한다. 부모들의 아킬레스건인 '내가 아이를 잘 키우고 있는 걸까?'는 죄책감을 교묘히 건드리는 사교육업자들의 상술과 경쟁을 부추기는 분위기에 부모들은 오늘도 중심 없이 이리저리 흔들린다. 그러나 몇 백 만 원 짜리 디럭스 유모차며 고급 아기용품 구입에 열을 올리고 사교육에 집중 투자하는 것이 과연 진정으로 자식을 위하는 길인지 의구심이 든다.

　부모가 먼저 행복해야 아이도 행복하다고 한다. 무조건적으로 아이에게 '몰빵'하는 것은 바람직한 양육 태도가 아니다. 아이가 제 몫을 다하는 어른으로 성장하길 원한다면 부모자식 간에도 어느 정도 선을 그을 필요가 있다.

　자식에게 지원은 어느 선까지만 하고, 부모는 자기 인생을 살아야 한다. 자기 인생을 훌륭하게 경영하는 부모만큼 아이에게 좋은 롤 모델은 없다. '부모는 아이의 거울이다'라는 격언이야말로 이 시대 부모들이 가슴깊이 새겨야 하는 조언이다.

　이제 아이들에게도 '부족'과 '결핍'을 겪을 기회를 주자. 스스로 역경을 딛고 일어날 수 있도록 말이다. 부모의 그늘 밖의 세상은 험난한 가시밭길의 연속이라는 것을, 그러한 험난한 세상을 헤쳐나가는 것은 결국 자신의 몫이라는 것을 알려주자. 땀 흘려 일하는 노동의 가치와 돈의 소중함을 몸소 체험하는 것처럼 귀중한 경험은 없다. 그것이야말로 아이의 인생에 있어 부모가 선사할 수 있는 최고의 선물이 될 것이다.

09 부모가 진심으로 믿어주면 아이는 언젠가는 길을 찾는다

딸아이를 키우면서 이따금 부모가 된다는 것은 세상에서 가장 어려운 일인 것 같다는 생각을 하곤 한다. '어떤 아이로 키울 것인가'도 어렵지만 더욱 어려운 것은 '어떤 부모가 될 것인가'이다.

몇 년 전 모 일간지에 박찬석 전 전북대 총장의 글이 실린 적이 있다. 그의 아버지에 관한 추억을 회고한 한편의 일화였는데, 글을 읽고 깊은 감동을 받아 여기에도 소개하고자 한다.

그의 고향은 경남의 어느 시골이었다. 그 시대가 다 그랬듯 그의 집 역시 형편이 별로 좋지 않았다. 어려운 살림 속에서도 아버지는 그를 대구로 유학 보냈다. 자식만큼은 당신처럼 살기를 바라지 않았기 때문이다.

하지만 원래 공부에 흥미 없는 아이가 도시로 옮긴다고 공부를 잘했을 리 없다. 1학년 1학기 말 석차 68/68. 그는 반에서 꼴찌를 한다. 부끄러운 성적표를 가지고 고향으로 향하는 발걸음은 무거웠다. 부모님께 성적표를 내밀 자신이 없었다. 끼니도 제대로 잇지 못하는 소작농으로 어렵게 살면서도 아들을 중학교에 보낸 아버지 심정을 너무나 잘 알고 있었기 때문이다.

고민하던 끝에 성적표를 1/68로 고쳐서 보여드렸다. 학교에 다니지 못한 부모님은 아들이 성적표를 고쳤다는 사실을 전혀 눈치 채지 못하셨다. 안도의 한숨을 돌린 것도 잠시. 집으로 놀러 온 친척들이 그가 1등을 했다는 소식을 듣고 아버지에게 "1등을 했으니 책거리를 하라."고 했다. 당시 그의 집은 동네에서 가장 가난한 집이었다.

다음날 강에서 놀다가 돌아오니, 아버지는 돼지를 잡아 잔치를 벌이고 있었다. 돼지는 그의 집안에서 가장 값이 나가는 재산이었다. 그는 기가 막혔다.

가슴속에서 죄책감과 미안한 마음이 솟구쳐 올랐다. 그리고 자신이 초래한 사태에 겁이 났다. 차라리 죽는 것이 낫겠다는 생각에 강물로 뛰어들기도 했고, 주먹으로 스스로를 마구 때리기도 했다.

　사건 이후로 그는 달라졌다. 부모님께 죄송한 마음을 공부로 보답하고자 열심히 공부했고 17년 후 마침내 대학교수가 되었다. 그의 아들이 중학생이 되었을 때, 부모님 앞에 33년 전의 일을 뒤늦게 고백하려고 "어머니, 저 옛날에 중학교 1학년 때 1등 했던 거요…." 하고 운을 떼었다. 그러자 옆에 계시던 아버지는 "알고 있었다. 그만해라. 손자가 듣는다."고 말했다.

　그는 "자식의 위조한 성적을 알고도 돼지를 잡아 잔치를 하신 부모님 마음을, 박사이고 교수이고 대학 총장인 나는 아직도 감히 물을 수가 없다."고 말했다.

　만약 위조한 성적표를 보여드렸을 때 아버지에게 혼이 났더라면 어떻게 되었을까? 분명 자신의 잘못을 뉘우치고 다시는 성적을 위조하지 않았을 것이다. 하지만 그 일이 인생이 바뀌는 계기가 되지는 않았을 것이다.

　아버지가 보여준 크나큰 사랑과 믿음이 그에게는 한 대의 매보다 더욱 아프고 부끄러운 기억으로 남았을 것이다. 그리고 그 기억은 그가 공부하면서 나태해질 때마다 스스로를 채찍질하는 계기가 되었으리라. 전 재산이었던 돼지와 맞바꿀 정도로 아들을 향한 믿음과 사랑이 컸기에 그가 훌륭한 인물이 될 수 있었던 것이다.

만약 나라면 어떠한 상황에서도 자식을 무조건 믿어주고 사랑으로 덮어줄 수 있을까? 부끄럽지만 '그럴 것이다.'라고 자신하지 못하겠다.

요새는 유치원생, 초등학생들도 사는 게 괴롭다고 푸념을 한다고 한다. 그 말이 거짓말은 아닌 모양이다. 초등학교 교사인 지인을 만나 이야기를 들어보면 기가 막힌다. 아이들에게 "어른이 되면 뭐가 되고 싶니?"하고 물어보면 하나같이 반응이 시큰둥하단다.

"어른이 되기 싫어요!", "어른 되면 회사 다녀야 하잖아요! 놀지도 못하고!", "안정적인 공무원이나 할래요."하고 현실적인 대답들이 나온다. 무궁무진한 가능성을 가지고 있는 미래의 꿈나무들의 입에서 '꿈'보다 '현실'이 나오고 있다니. 마치 어른들이 하소연하는 것을 보는 것 같지 않은가.

아이들이 이렇게 된 가장 큰 원인은 부모이다. 아이들은 부모의 시선으로 세상을 바라본다. 팍팍한 세상을 살아가는 부모들의 불안과 한숨이 자식에게 투사되는 것이다. 부모가 아이에게 공부를 강요하는 이유도 그런 불안감 때문이다.

『아이와 함께 자라는 부모』의 저자이자 소아청소년정신과 전문의인 서천석 원장은 부모의 '불안'이 육아에 가장 강력한 영향을 미치는 요소라고 이야기한다.

"불안이 너무 높아요. 그래서 애들도 잡는 거거든요. 불안이 시대의 일반적 키워드이기도 한데, 육아에서는 더 극단적이에요. 공부시키고, 압박하고, '너 이러지 않으면 잘못된다'는 이야기를 많이 하죠. 잘될 거라는 이야기는 잘 하지 않아요."

자기 자식만큼은 좋은 환경에서 편한 인생을 살게 하고 싶은 것이 부모 마음이다. 그렇기에 엄마들의 1순위 관심사는 '자녀교육'일 수밖에 없다. 세상 살기가 힘드니 부모들은 내 아이가 남들보다 뒤쳐질까봐 초조하고 조바심이 난다.

그렇기에 아이를 믿고 기다려 주기보다는 못 미더워하고 불안해한다. 사교육에 의지하고, 끊임없이 아이의 일거수일투족을 간섭하고 관리한다. 심지어 아이의 장래 희망까지 부모가 정해버린다.

그러다 보니 아이들에게 공부는 지긋지긋한 것이 되어버렸고, 세상은 먹고살기 힘든 곳이며, 원대한 꿈을 품고 살기보다는 현실에 맞게 안정적인 직업을 갖는 것이 목표가 되어버렸다.

부모는 아이에게 세상을 보여주는 창이다. 좋은 부모란 아이들에게 세상은 살만한 곳이라고 말해주고, 꿈꾸는 데 한계는 없으며, 너는 할 수 있다고 말하며 믿어주고 격려해 주는 부모 아닐까?

신들린 손놀림으로 전 세계 클래식 음악계에 파란을 일으키며 혜성같이 등장한 피아니스트 임현정. 그녀는 한국인 최초로 빌보드와 아이 튠즈 클래식 차트 1위를 차지했고 유튜브 조회수 40만 건을 기록한 것으로 잘 알려져 있다.

지금은 성공한 피아니스트가 되었지만 그녀에게도 힘든 시기가 있었다. 홀로 외국에서 유학하던 시절, 생김새가 다르다는 이유로 차별을 받으며 슬럼프에 빠졌던 것이다. 하지만 그녀는 자신을 믿어주는 어머니가 있었기에 슬럼프를 극복할 수 있었다.

"뒤돌아보면 어머니는 단 한 번도 '연습해라'라는 말씀을 하신 적이 없었던 것 같다. 부모님께서는 항상 '넌 다 해낼 수 있다', '하고 싶은 것만 해라'라고 말씀하시며 자신감을 북돋아 주셨다. '아무리 멀리 떨어져 있어도 날 믿어주는 사람이 있는데 이것쯤이야.' 하며 이겨냈다."

아이들은 부모가 자신을 믿고 지켜봐 주기를 바란다. 자신을 전적으로 믿어주는 사람이 있을 때 아이는 자기 능력의 몇 십배, 몇 백배를 발휘할 수 있다.

부모가 자식에게 해줄 수 있는 것은 한계가 있다. 아무리 자식인생을 간섭하고 계획한다고 해도 부모 뜻대로 되지 않는다. 내 마음대로 되지 않는 것이 자식이다. 그리고, 부모 뜻대로만 된다면 꼭두각시와 다름없지 않겠는가?

　결국 자기 인생은 자기가 사는 것이다. 내 자식 앞길 편하라고 길을 닦아주고, 멍석을 깔아주기보다는 그냥 혼자 알아서 하도록 내버려 두자. 아이가 넘어지고 쓰러졌을 때 일으켜 세우고 몸에 묻은 흙을 털어주기보다는 스스로 일어날 수 있도록 격려해 주자.

　다른 아이들보다 뒤처져 저만치 뒤에서 천천히 오고 있더라도 믿고 지켜봐 주자. 스스로 자신만의 페이스를 찾게 될 때 아이는 인생이라는 레이스를 그 누구보다 즐겁고 행복하게 달리게 될 것이다.

01 '내 인생'이라는 무대의 주인공은 내가 되어야 한다
02 꿈꿀 수 있는 나이에 유통기한은 없다
03 혼자서 잘 노는 것도 능력이다
04 세상의 여자는 독서하는 여자와 독서하지 않는 여자로 나뉜다
05 진짜 힐링은 커피보다 걷기다
06 밑져야 본전, 주문서를 적듯 소원을 써내려가라
07 적어도 분기에 한번은 나를 위해 사라
08 '소녀 마인드'로 당신의 시계를 거꾸로 돌려라
09 자신을 가꾸지 않는 것은 여자의 직무유기다

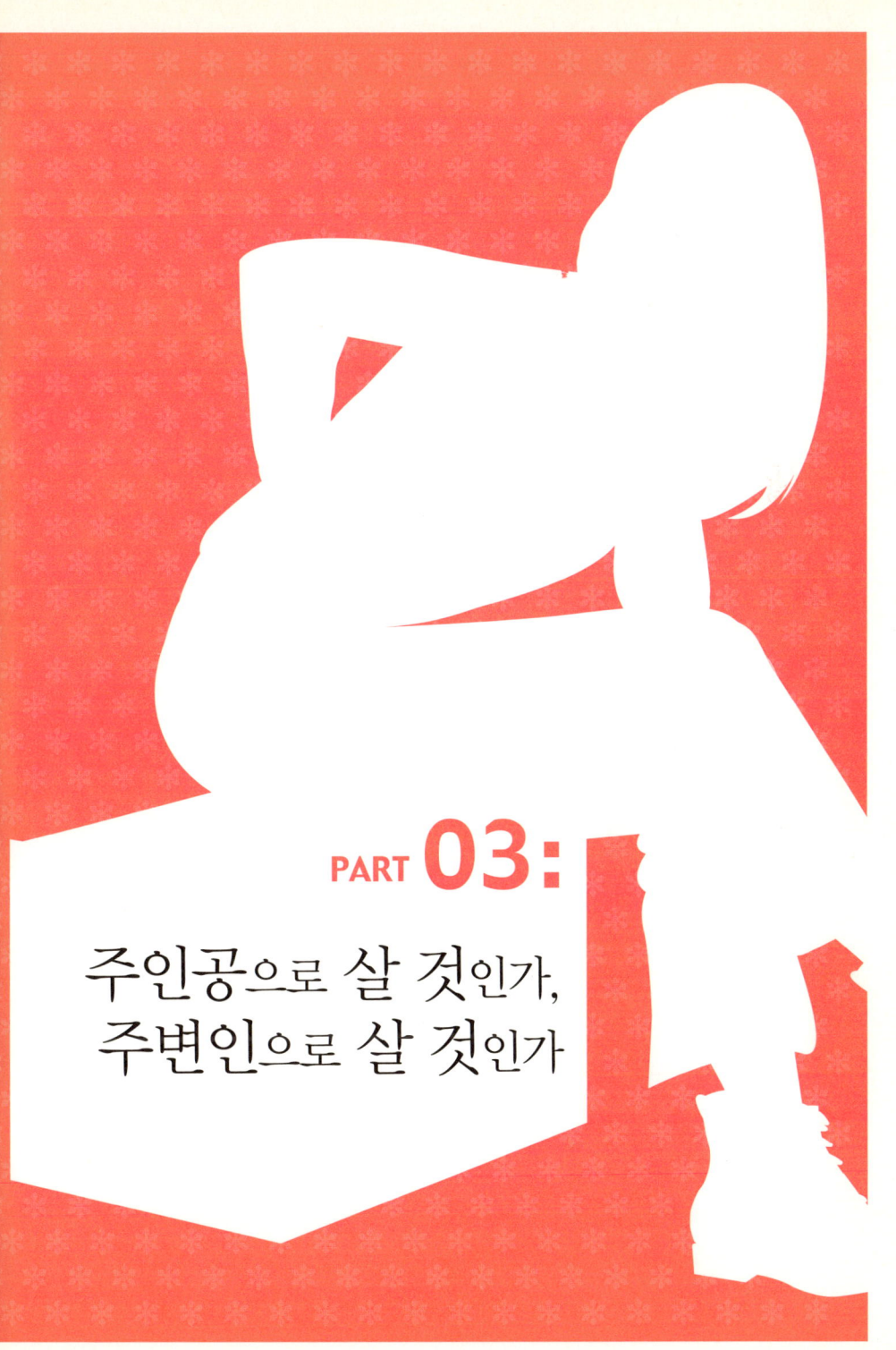

PART 03:
주인공으로 살 것인가, 주변인으로 살 것인가

01 '내 인생'이라는 무대의 주인공은 내가 되어야 한다

옛날에, 찢어지게 가난한 살림살이에 아들을 키우는 홀어머니가 있었다. 여느 어머니들이 다 그렇듯, 어머니의 모정은 지극했다. 집안형편이 어려웠던 탓에 모자는 변변한 반찬도 없이 김치나 된장에 밥을 먹곤 했다.

가끔씩 친척들이 보내주는 생선이 반찬으로 올라오는 날이면, 아들은 생선을 통째로 들고 정신없이 뜯어 먹기 바빴다. 반면에 어머니는 생선에 손도 대지 않았다. 어쩌다 젓가락이 가도 생선 머리 부위에만 갔다.

이를 의아하게 여긴 아들이 "어머니, 왜 살은 안 드세요?"

하고 묻자, 어머니는 "나는 원래 생선 머리를 좋아한단다. 그러니 신경 쓰지 말고 많이 먹어라."라고 대답하곤 했다.

세월이 흘러 아들은 성인이 되어 결혼을 했다. 효심 깊던 아들은 어느 날 고향에 계신 어머니 생각이 나서 어머니가 좋아하시는 음식을 한 상자 사서 택배로 보내드렸다. 상자가 도착한 후, 기쁜 마음으로 상자를 연 어머니는 아연실색 하지 않을 수 없었다. 상자에는 생선 머리만 잔뜩 들어 있었기 때문이다.

비슷한 일화를 한 가지 더 들어보자.

차를 마실 때마다 이 나간 찻잔을 사용하던 어머니가 있었다. 이가 나가면 버려야 하지만 아까운 마음에 어머니 자신이 사용해온 것이다. 어느새 세월이 흘러 아들이 장성해 결혼을 했다. 아들 내외가 시댁에 방문한 어느 날, 차를 준비하는 며느리에게 아들이 이 나간 찻잔을 꺼내 와서 말했다. "우리 엄마는 꼭 이 잔에다만 드셔. 여기다 따라드려."

아들은 어머니가 찻잔에 대단한 애착이 있다고 오해한 것이었다. 그래서인지 엄마들 사이에서는 "아들 가진 엄마는 아들 앞에서 커피 한잔을 마셔도 제일 좋은 찻잔에 마셔라."는 말이 전해지기도 한다.

이러한 웃지못할 해프닝이 일어난 원인이 어디 눈치 없는 아들들에게만 있겠는가. 일차적으로 자신을 대우하지 않은 엄마의 책임이 제일 클 것이다. 이런 일들이 내 이야기가 될 수도 있다. 우리 스스로에게 한번 물어보자. 남편과 아이들 것이라면 비싸고 좋은 것들만 구입하면서도 정작 자신에게는 제일 낡고 허름한 것들만 허락하지 않았는지. 내 인생에서 나는 뒷전이고 가족들이 우선은 아니었는지.

많은 여자들이 결혼한 후에는 자신을 잊고 산다. 결혼 전에는 자기 자신이 가장 소중하지만, 결혼하고 아이를 키우면서 나는 점차 뒷전으로 밀려난다. 그러다 보면 어느새 내 인생에서 남편과 아이들이 전부가 되고 나는 어딘가로 자취를 감춰버린다.

내가 살고 있는 동네는 소형 아파트가 밀집해 있는 곳이라 혼자 사는 가구가 많다. 우리 아파트에는 목소리 크기로 유명한 할머니가 한분 계신데, 오다가다 보면 할머니가 놀이터 벤치에 앉아 주위 분들과 대화하시는 내용을 듣게 될 때가 있다.

할머니의 이야기를 가만히 들어보면 90% 이상이 자랑이다. 은행장까지 올라간 딸, 박사학위를 받은 아들, 한때 부유하던 시절 강남 일대에 아파트를 몇 채나 갖고 계셨다는 이야기…. 하지만 화려한 자랑의 끝은 항상 쓸쓸한 여운을 남기며 끝난다.

"나 혼자 사니 심심해. 아무도 찾아오지도 않고…. 우리 집에 놀러 좀 와."

동네 놀이터나 찜질방 같은 곳에서 아줌마들끼리 삼삼오오 모여앉아 이야기를 나눌 때 옆에서 가만히 들어 보면 내용은 비슷비슷하다. 대화의 주제는 주로 아이들과 남편이다. 특히 자식 교육이야기나 취업 이야기가 거의 대부분을 차지하는데, 때로는 서로 경쟁하듯 자랑을 늘어놓기도 한다. 대한민국 모든 자식들을 한순간에 죄인으로 만들어 버리는 '엄친아', '엄친딸'은 아줌마들의 자랑 배틀에서 탄생한 것임이 틀림없다.

그런데 잘난 남편과 자녀들을 두었다며 자랑하는 아줌마들의 모습이 한편으로 공허해 보이는 이유는 무엇일까? 명문대 입학도, 승진도 그들 자신의 것이 아니기 때문이다. 아무리 내조를 잘해 남편이 성공해도, 자식 교육을 잘 시켜서 아이가 명문대에 입학하고 대기업에 취직해도 그것은 엄밀히 말해 타인의 인생일 뿐이다.

아내들은 조력자이고 보조자일 뿐 그들의 인생의 주인공이 될 수 없다. 마찬가지로 가족들 또한 아내의 인생이 주인공이 될 수 없다. 각자의 인생은 따로 있다. 그렇기에 우리는 누군가의 아내, 엄마로 살아가는 동시에 자신만의 인생을 살아가야 한다.

몇 년 전, MBC FM 『여성시대』에 투고되었던 사연이다.

그녀는 두 딸을 둔 평범한 주부였다. 엉덩이를 땅에 붙일 틈

없이 부지런히 남편을 내조하고 아이들을 키워 대학에 보냈다. 그런데 그만 마흔 후반의 나이에 백혈병에 걸리고 만다.

이 소식을 들은 가족들은 크나큰 충격과 슬픔에 빠졌다. 자신을 위해 슬퍼하는 가족들을 보며 그녀는 그동안의 희생이 결코 헛되지 않았다는 생각에 뿌듯했다. 하지만 가족도 거기까지…. 두 달, 석 달 시간이 흐르며 점차 가족들은 지쳐갔다.

투병생활을 한 지도 어느덧 1년여가 지났다. 남편의 귀가시간은 점점 늦어지고 아이들도 학교생활을 하느라 바쁘다. 그녀는 가족을 위해 살아왔던 삶에 처음으로 후회를 한다. 남편과 아이들이 그녀에게 소홀해진 것은 결코 아니었다. 다만 그들에게는 부지런히 열심히 살아가야 할 자신만의 인생과 미래가 있었다. 그녀는 집에서 홀로 투병해야 했고, 고통은 그 누구와도 나눌 수 없었다. 이럴 줄 알았다면 지난 인생 좀 더 나 자신을 위하며 살 걸… 그녀는 허전함과 무의미함을 느꼈다. 사연의 말미에 그녀는 이렇게 말한다.

"이제야 알겠습니다. 누구를 위해 사는 것만큼 어리석은 짓은 없다는 것을요. 한번뿐인 인생인데, 이게 아닌데…. 이제 세상에 말합니다. 누구도 다른 누구를 위해서 살지 말라고요. 자신을 위한, 자신의 행복을 위한 인생을 살라고."

'엄마'는 가족의 구성원이지 가족들에게 헌신하기 위해 존재하는 사람이 아니다. 자신의 목소리에 귀 기울일 때, 한 인간으로서 행복을 찾아갈 때 엄마, 아내로서의 역할도 더욱 잘 해나갈 수 있다.

내가 원하는 것이 무엇인지, 가고 싶은 것, 하고 싶은 것이 무엇인지. 지금 내게 필요한 것이 휴식인지? 새로운 도전인지? 자기 내면에서 나오는 목소리에 귀를 기울이자. 그리고 좀더 자신에게 관심을 갖고 아끼고 사랑하자. 내가 나를 홀대하면 남들도 나를 홀대하고, 내가 나를 귀하게 대접하면 남들도 나를 귀하게 대한다.

나 한사람을 위한 진수성찬도 차려보고, 떠나고 싶으면 한번쯤 훌쩍 떠나보자. 그림도 좋고 춤도 좋다. 하고 싶은 것, 배우고 싶은 것이 있다면 오늘 당장 시작하자. 바로 지금이 무엇을 시작하기에 가장 좋은 시기이다. 가끔은 공연도 보러가고 평소에 엄두도 내지 못했던 멋진 레스토랑에서 식사도 하는 등 소소한 여유도 부려보자.

때로는 가족들에게 향하던 관심을 나에게로 돌려보자. 건강과 아름다운 몸매를 위해 운동을 하고 비타민 등 영양제도 챙겨먹자.

자신을 사랑하며 자신만의 인생을 사는 사람들은 결혼생활을 하며 겪는 크고 작은 일들에 연연하지 않는다. 결혼생활의 수많은 풍파와 세월의 변화 속에서 중심을 잡고 흔들리지 않으며 가족관계 또한 건강하게 유지할 수 있다. 자기사랑이 원동력이 되기 때문이다. 사랑을 타인에게 갈구하지 않기 하염없이 남편만 바라보는 해바라기 아내, 자식을 쥐고 흔들려는 극성 엄마가 아닌 현명한 아내, 기다려주는 엄마가 될 수 있다.

한번 뿐인 인생, 한번 지나간 시간은 다시 돌아오지 않지만 남은 인생을 어떻게 살 지는 자신에게 달렸다. 세상에서 가장 소중한 당신 자신을 위해, 앞으로의 인생 정말 나를 위해서 살아보고 싶지 않은가?

02 꿈꿀 수 있는 나이에 유통기한은 없다

여기에 세 명의 여성들을 소개하고자 한다. 이들은 우리 주위에서 흔히 볼 수 있는 평범한 주부들이자 아이들의 엄마이다. 이들이 10년 후, 어떤 미래를 살고 있을지 짐작이나 할 수 있을까?

• 나이 34세, 두 아이의 엄마이자 전업주부

임신 중 찐 살이 출산 후에도 빠지지 않아 고스란히 살이 되어버렸는데, 체중이 최고조에 이르렀을 때는 70kg 가까이 나가기도 했다. 살이 찌니 안 그래도 약했던 몸이 더욱 안 좋아져 온몸 구석구석이 쑤셔댄다. 비만과 만성 허리통증에 시달리고 있는 30대 중반의 평범한 아줌마인 그녀의 유일한 낙은 누워서 TV를 보며 군것질을 하는 것이다.

• 70대 중반의 할머니

가난한 농부의 딸로 태어나 농장에서 자랐다. 자녀를 10명이나 출산했지만 그중 5명이 죽고 5명이 살아남았다. 다섯 자녀를 키운 엄마이자 시골 아낙네로 농장에서 평생을 바쳤고 어느덧 70대 할머니가 되었다. 몇 년 전 남편과 사별했고 지금은 그저 죽는 날만을 기다리며 무기력하게 하루하루 살아가고 있다.

• 나이 45살의 주부

대학 재학 중 만난 남자와 열렬한 연애 끝에 졸업과 동시에 결혼에 골인했다. 한때 기자가 꿈이었지만 출산과 육아를 위해 꿈을 포기하고 아이 셋을 키우며 전업주부로서 평범하게 살았다. 세 아이들을 키우면서 틈틈이 대학원 공부를 이어갔을 뿐 38세 이전까지 정규직으로 근무했던 적은 없었다. 한 남자의 아내로 주부로 행복하게 살았던 그녀는 45살의 어느 날 남편으로부터 "다른 여자를 사랑하고 있어. 이혼해줘."라는 청천벽력 같은 말을 듣게 된다. 남편의 불륜으로 중년의 나이에 이혼당한 두 아이의 엄마. 그녀는 배신감과 절망에 빠져 있다.

이들에게는 공통점이 있다. 지극히 평범한 여성들이라는 것이다. 아이들을 키우고 살림을 하느라 보니 어느새 젊은 시절은 다 지나갔고, 남편과 헤어졌거나 사별한 사람도 있다. 앞으로의 인생도 지금과 크게 다를 것이 없어 보인다. 과연 이들이 10년 후 어떤 삶을 살고 있을지 한번 살펴보자.

- 몸이 무거웠던 주부는 동네 헬스클럽에 등록해 다니기 시작했다. 허리통증도 고치고 살도 좀 빼볼까 해서였다. 헬스클럽에 등록해도 한 달을 못 넘기고 안 나오는 사람이 태반이지만 그녀는 달랐다. 그녀는 매일 꾸준히 헬스클럽에 나와 운동을 했다. 그리고 그곳의 여성 트레이너와 친하게 지낸 덕에 운동에 재미를 붙일 수 있었고 제대로 된 운동법도 배울 수 있었다.

그렇게 운동과 식이요법을 병행한 지 약 3년, 오랜 노력 끝에 그녀는 드디어 다이어트에 성공한다. 수년간 그녀를 괴롭혀오던 허리통증에서 완전히 벗어났음은 물론이다. 그녀는 건강과 자신감을 되찾은 자신의 이야기를 사람들에게 들려주고 싶었고, 마침 인터넷 신문에 칼럼을 쓸 기회가 생겼다. 칼럼과 함께 자신의 사진을 올리자마자 네티즌과 언론의 폭발적인 관심을 끌게 된다. 사진에는 30대 후반의 아줌마라고는 도무지 믿기지 않는 얼굴과 몸매를 가진 여성이 미소 짓고 있었다. 칼럼의 제목은 "니들에게 봄날을 돌려주마."였고 그녀가 바로 오늘날 '몸짱 아줌마'로 유명한 정다연 씨다.

각종 매체의 러브콜을 받고 방송에서 활약하던 그녀는 책 출간, 트레이너 양성, 자신만의 운동비법을 담은 비디오 제작 등 여러 분야로 사업을 확장하였고 일본과 중국, 대만까지 진출하게 된다. 최근 한 방송에서 그녀가 밝힌 누적 수입액은 약 1,000억 원에 달한다고 한다.

- 남편을 먼저 떠나보낸 슬픔에 젖어있던 76세의 할머니는 어느 날 문득 '그림을 한번 그려볼까?' 하는 생각을 한다. 그림을 그리면 슬픔을 잊고 활기차게 하루하루를 보낼 수 있지 않을까 싶었다. 사실 그녀는 젊어서부터 '그림을 그리고 싶다'는 열망을 가지고 있었다. 그러나 다섯 아이를 키우고 남편을 도와 농장을 경영하다 보니 그림은 엄두도 낼 수 없었다. 게다가 정식으로 미술교육을 받은 적도 없었다. 그녀는 한마디로 그림의 '그'자도 모르는 문외한이었다.

하지만 그녀는 용기를 내어 붓을 들기 시작했다. 그림의 소재는 그녀의 인생 그 자체였던 시골 마을의 풍경이었다. 겨울에 썰매 타는 사람들의 모습, 크리스마스 전날 양말을 걸어놓고 자는 아이들의 모습, 농장의 아침 풍경, 추수 감사절 등 시골 사람들의 순박하고 정겨운 일상을 할머니 특유의 온화한 시선으로 그려냈다.

그녀는 자신의 그림 4점을 동네 약국에 걸어놓았는데, 어느 날 그곳을 지나치던 미술품 수집가의 눈에 띄게 되었다. 수집가는 그림들을 높이 평가했고 덕분에 그녀는 뉴욕에서 전시회를 열어 일약 스타로 떠오르게 된다. 바로 그녀가 미국의 국민 할머니, '그랜드마 모지스'(Grandma Moses)라는 애칭으로 불리는 미국의 여류화가 '애너 메리 로버트슨'(Anna Mary Robertson Moses 1860~1961)이다.

마치 동화 같이 아기자기하면서도 밝고 따뜻한 화풍의 그림은 엄청난 인기를 끌었다.

유럽에서 15회가 넘는 개인전을 열었고, 타임지의 표지모델로 서기도 했다. 뉴욕 주지사는 그녀의 100번째 생일을 '모지스 할머니의 날'로 선포하였다. 그녀는 101살에 숨을 거두기까지 왕성하게 활동하여 약 1,600여 점에 달하는 그림을 남겼다.

- 45세에 남편으로부터 이혼해달라는 통보를 받은 중년 여인. 그녀는 세상 전부를 잃은 것 같은 절망에 빠져 있었다. 열렬히 사랑해서 한 결혼이었다. 명문가였던 남편의 집안에선 둘의 결혼을 반대했다. 하지만 남편은 그녀를 진정 사랑했기에 집안의 반대에도 굴하지 않고 그녀와 결혼했다. 그런 그였기에 영원히 행복하게 살 줄로만 알았는데…. 그녀는 남편의 외도가 도저히 믿어지지 않았다. 남편도 없이 세 아이를 어떻게 키울지, 어떻게 살아나갈지 막막했다.

하지만 이렇게 무너질 수는 없었다. 그녀는 '오히려 잘됐어. 이제부터는 나 자신을 위해 살자.' 하고 마음을 고쳐먹었다. 그리고 제2의 인생을 시작하였다. 그녀는 45세의 나이에 정계에 진출, 상원의원의 법률 보좌관, 대학교수 등 여러 직업을 경험했다. 그리고 그녀의 나이 62세, 미국 역사상 첫 여성 국무장관에 임명된다. 바로 이 여성이 여러분도 잘 알고 있는 매들린 올브라이트 전 미 국무장관이다.

이들은 평범한 가정주부였고, 뚱뚱했고, 나이도 많은데다가, 그다지 좋지 못한 상황에 처해있기도 했다. 그러나 현실을 받아들이는 대신 새로운 삶에 도전했고 마침내 성공했다.

도전하는 데 있어 유통기한은 없다. 마지막 눈감는 그 순간까지 마음만 먹는다면 도전할 수 있다. 30살이 넘었거나 결혼했다면 꿈도 꾸지 말아야 한다는 법이라도 있던가? 지금 당신이 아이 셋을 키우는 45살의 주부라 할지라도, 내일 당장 세상을 떠나도 놀랄 것 없는 고령의 할머니어도 삶이 계속되는 한 도전할 수 있는 자유와 권리가 있다.

'새로 시작하기엔 내 나이가 너무 많아.', '살림만 해본 애 딸린 아줌마가 뭘 할 수 있겠어?', '난 학력도 낮고 외모도 별로인 걸.' 이런 생각들로 스스로를 한계 속에 가둬두고 있는 것은 우리 자신이 아닐까?

나이가 많다고, 주부라고 도전하기를 두려워하는 여성들에게 매들린 올브라이트 전 장관은 '꿈꾸기에는 마흔도 젊다'고 말한다.

"2~30대에 모든 것을 성취할 필요가 없어요. 40대 이후에도 삶은 계속되니까."

꿈을 꾸는 여자는 나이가 오십이어도, 환갑이 되어도 눈빛이 살아있다. 무엇이든 시작하면 된다. 위대한 업적을 이루겠다고 결심하거나 많은 비용을 들여 거창하게 시작할 필요는 없다. 미국의 그랜드마 모지스를 보라. 그녀가 처음부터 미국을 대표

하는 화가가 되겠다는 거창한 생각으로 붓을 들었겠는가.

젊은 시절 아이들을 키우고 살림하느라 가슴속에 묻어만 두었던 그림을 그리고 싶다는 꿈. 그 꿈이 백발이 성성한 그녀를 캔버스 앞에 서게 만들었다. 그녀는 매일매일 자신이 좋아하는 그림을 그린다는 사실만으로도 기뻤고 행복했다. 그리고 그 행복이 그림을 통해 사람들에게도 전해져 마침내 전 국민의 사랑을 받는 화가가 될 수 있었다.

매들린 올브라이트 전 장관은 "원대한 목표를 품는 것은 불가능했다. 다만 매 순간 그저 열심히 살아온 결과 성공했다. 우연이란 축적된 필연의 결과다."라고 말한다. 그녀는 야망이 컸다거나 거창한 계획을 세웠기 때문에 미 역사상 첫 국무장관이 될 수 있었던 것은 아니라고 말한다. 그때그때 작은 목표에 최선을 다했던 것들이 쌓여 큰 성공을 이룬 것이다.

반드시 성공이나 부, 명예를 얻는 일이라거나 혹은 직업이 될 만한 일이 아니어도 괜찮다. 자신이 좋아하는 분야를 찾아 그것을 하는데 기쁨을 느끼고 자그마한 성취감을 느낀다면 그보다 당신의 인생을 풍요롭고 아름답게 만들어 주는 것은 없을 것이다.

도전하기 위해서는 가장 먼저 필요한 것은 무엇일까? 먼저 목표를 정하는 것이다. 목표 없이 살아가는 사람은 방향을 잃어버린 채 흔들리는 파도에 몸을 맡긴 배와 같다. 아무렇게나 흘러가다가 언젠가는 암초에 부딪혀 침몰하거나 생각지도 못했던 곳에 도착하게 되는 것이다.

되는대로 흘러가는 대로 살아가기에 매일매일은 짧고, 인생은 너무나 소중하다. 오늘부터 내가 무엇을 좋아하는지, 나는 어떤 사람인지, 무엇을 하고 있을 때가 가장 행복한지 곰곰이 생각해 보자. 답이 바로 나오지 않아도 괜찮다. 평소 관심 가는 취미나 분야가 있으면 시도해보라. 실패하거나 별다른 성과가 없어도 괜찮다. 그렇게 이것저것 여러 가지를 시도해보다 보면 자연스레 자신과 맞는 분야를 알게 될 것이다.

나의 경우 하고자 하는 일을 찾는데 자그마치 36년이나 걸렸다. 36년 동안 꿈은 수십 번도 넘게 바뀌었고 도전했다가 실패하기를 수차례 반복했다. 인원이 3명밖에 되지 않는 작은 사무실에 취직도 해봤고, 국내 굴지의 대기업도 다녔었다. 취업 준비생으로 일 년 넘게 막막한 시기를 보내기도 했으며, 직장을 그만두고 공무원 시험에 도전했다가 수업비만 날리고 실패하기도 했다. 결혼을 하고 아이를 낳고 난 후에야 마침내 내 마음 깊은 곳에 사람들과 나누고 싶은 말들이 꼭꼭 숨겨져 있었다는 것을 깨닫게 되었다. 마침내 나는 '작가'라는 꿈을 갖게 되었고 그 꿈을 이뤘다. 하지만 작가 역시 내가 가진 여러 가지 목표들 중 하나일 뿐 전부는 아니다.

해리 포터 같은 아이들과 성인들이 모두 읽을 수 있는 책도 쓰고 싶고, 우리 딸에게 들려줄 아름다운 동화도 써보고 싶다. 또한 나와 비슷한 고민을 가진 여성들과 젊은이들을 위로하고 꿈과 희망을 주는 책도 쓰고 싶다. 또 성공한 사업가가 되고 싶기도 하고, 언젠가 대학에서 강의를 하는 교수가 되고 싶기도 하다. 아이가 좀 더 크면 1~2년 장기 계획을 세워 함께 세계 일주를 할 것이다.

작은 도전이라도 해보자. 그리고 그 속에서 삶의 의미를 찾아보자. 100세 시대, 목표 없이 살기엔 인생은 길고 앞으로 시간이 너무 많이 남지 않았는가.

03 혼자서 잘 노는 것도 능력이다

여성들에게는 누구나 중고등학교 시절 내내 친구들과 붙어 다녔던 기억이 있을 것이다. 나 역시 그랬었다. 등하교할 때는 물론이고 화장실 갈 때에도 반드시 친구와 함께 다니곤 했다. 사실 친구가 좋아서라기보다 혼자서 다니는 것이 왠지 창피하고 어색했기 때문에 그랬던 것 같다.

지금 생각해보면 그때 왜 그랬나 싶지만, 당시의 나는 타인에게 의존적인 성향이 컸던 모양이다. 무슨 일이든 혼자 하면 사람들이 나를 불쌍하게 여길 것만 같은 생각이 들었다. 그래서 배가 고프지 않아도 친구들이 매점에 가자고 하면 따라서 매점에 갔고, 친구가 놀러 가자고 하면 당장 해야 할 일을 뒤로 하고 따라 나섰다. 성인이 되어 대학에 가도 타인에게 휩쓸리는 나의 성향은 크게 달라지지 않았다.

그랬던 내가 변하게 된 것은 대학 졸업 후 일본으로 유학을 갔다 돌아온 친구와 우연히 재회하게 된 후 부터였다. 유학 전의 그녀는 나처럼 친구들에게 의존적이고 혼자 있는 것을 견디지 못하는 성격이었다. 아니, 나보다 더욱 심했었다.

그랬던 그녀가 일본으로 유학을 떠난다고 했을 때, 주위 사람들은 우려의 시선으로 바라보았었다. 험난하고 외로운 유학 생활을 과연 버틸 수 있을지 걱정되었기 때문이다. 하지만 그녀는 유학을 떠났고, 몇 년 후 보란 듯이 씩씩하고 당당한 모습으로 업그레이드되어 한국으로 돌아왔다.

그녀가 부러웠던 이유는 그녀가 일본어 강사로서 성공적으로 커리어를 쌓았기 때문도, TV에 출연하고 책을 냈기 때문도 아니었다. 그녀는 가끔 혼자 멋진 레스토랑에 가서 자신을 위한 만찬을 즐겼고, 때때로 24시간 운영하는 카페에 노트북을 들고 가 홀로 밤새워 작업하기도 했으며, 주말 저녁 혼자 훌쩍 여행을 떠나기도 했다. 그녀는 분명 남들과는 다른 점이 있었다. 사람들 속에 있되 휩쓸리지 않고 온전히 자신만을 위한 시간을 향유할 줄 알았다. 나는 그녀의 그런 모습이 부러웠다.

친구는 닮아간다더니 그녀와 자주 만나면서 나도 조금씩 변해가기 시작했다. 초가을 어느 날, 나는 드디어 혼자 여행을 떠났다. 당시 회사 일도 인간관계도 잘 풀리지 않아 많이 지쳐있던 시기였다. 복잡한 머리를 식히고 재충전하고 싶었다.

1박 2일간의 짧은 국내 여행이었지만 그걸로 충분했다. 가방에는 전부터 읽고 싶어 했던 책과 좋아하는 음악과 영화를 담은 노트북, 그리고 옷 몇 가지를 챙겼다. 혼자 고속버스를 타는 느낌도 생각보다 꽤 괜찮았다.

목적지였던 바닷가 펜션에서 음악을 들으며 거품목욕을 했고, 침대에 누운 채 책을 읽으며 뒹굴 거리기도 했다. 고개를 들면 창밖으로 보이던 낯설지만 탁 트인 바다 풍경도 좋았다. 주인아저씨가 저녁 식사로 구워주셨던 윤기가 줄줄 흐르던 바비큐의 맛이며, 이른 아침 아무도 없는 조용한 바닷길을 산책했던 일은 지금도 즐거운 기억으로 남아있다.

여행에서 돌아온 후로는 나도 혼자 놀기의 예찬론자가 되었다. 혼자서 식당에 들어가 밥도 잘 먹고, 혼자 다니는 것이 어색하지 않았다. 무슨 일을 할 때 남들이 하자는 대로 끌려다니던 성향도 많이 바뀌었다. 타인에게 어떻게 비춰지는지 눈치 보며 살기에 나 자신은 소중하며 세상에 경험하고 누릴 것이 너무나 많다는 것을 깨달았기 때문이다.

올해 초 「남자의 자격」이라는 예능 프로그램에서 멤버들이 가로수 길의 한 카페에 앉아 각자 혼자만의 시간을 갖는 경험을 방영한 적이 있다. 지인들과 오거나 업무상 오는 일 외에 카페에 혼자 오는 일은 상상할 수 없었던 중장년의 남자들이 자리에 앉아 멍하니 있는 모습은 우스꽝스럽기까지 했다. 멤버들 역시 어색하고 불편해하는 모습이 역력했다.

하지만 시간이 지나며 점차 익숙해지기 시작했다. 이들은 커피 맛을 천천히 음미하거나 바깥 경치를 보며 생각에 잠기기도 했다.

약 1시간이 지난 후 소감을 묻는 질문에, "야외에서 혼자 시간을 보내니 어느 정도 긴장감을 갖고 여유와 사색을 즐기게 되는 것 같다.", "의미있는 시간이었다."라고 소감을 말했다.

바쁠수록, 팍팍한 세상 버텨나가는 것이 힘겨울수록 스스로에게 자신과 마주하는 시간을 줄 필요가 있다. 그 누구의 눈치 볼 필요도 없고, 누군가와 대화를 이어가야 한다는 부담 없이 내가 정말 하고 싶은 것을 하고 가고 싶은 곳을 갈 수 있는 자유 시간을 말이다.

혼자 놀기의 장점은 바로 이것이 아니던가. 남들 신경 쓸 것 없이 오로지 내 기분 내키는 대로, 내가 하고 싶은 대로 할 수 있다는 것. 그럴 때 비로소 나의 본모습과 마주할 수 있다.

『고독력』의 저자 다케나가 노부유키는 다음과 같이 말한다.

"고독은 커뮤니케이션과 대립하지 않습니다. 혼자서 자신과 마주하는 경험이 있어야만 자신을 긍정적으로 바라볼 수 있으며, 타인과도 능숙한 커뮤니케이션을 할 수 있습니다. 저는 이러한 경험을 가능케 하는 힘을 '고독력'이라고 부릅니다.

넘쳐나는 커뮤니케이션에서 한걸음 물러나서 자신을 바라볼 수 있는 힘. 사회나 그룹, 타인, 그리고 가족이나 선생님 등에 의존하지 않고 혼자가 될 수 있으며 자신을 긍정적으로 볼 수 있고 자신의 인생 목적이나 살아가는 의미를 조용히 생각하면서 '나는 이대로도 좋다'는 확신을 가지게 하는 힘입니다."

혼자 잘 노는 사람일수록 정신적으로 성숙하며 자존감이 높다는 것은 잘 알려진 사실이다. 중심이 잡혀있으니 남들이 이렇다 저렇다 하는 말에 좌지우지 되지 않는다. 그런 사람들은 스스로도 인생을 즐겁게 살 가능성이 더 크다.

마음먹고 혼자 시간을 보내려고 해도 막상 무엇을 해야 할지 막막한 경우가 있다. 하지만 곰곰이 생각해 보면 시간과 비용을 크게 할애하지 않더라도 재미있는 시간을 보낼 수 있는 방법은 많이 있다. 카페에서 커피를 마시며 책을 읽거나 스마트 폰으로 영화를 본다거나, 볕 좋은 날 가볍게 근처 공원이나 경치 좋은 곳을 산책하는 등의 일상적인 것들이라도 혼자서 자유를 만끽한다는 마음으로 한다면 이전과는 다른 느낌으로 다가올 것이다.

공연이나 영화를 관람하는 것도 추천할 만하다. 혼자서 주말에 영화를 본 적이 있었는데, 영화 시작 전까지는 사실 민망한 마음이 더 컸지만, 내 생각과 달리 사람들은 혼자 영화를 보러 온 내게 아무도 관심을 갖지 않았다. 생각보다 영화를 편하게 관람하고 난 후 집으로 돌아오는 길이 왠지 뿌듯했던 기억이 난다.

혼자 노는 것이 영 어색한 이에게는 미술관을 추천한다. 미술관은 혼자 조용히 생각에 잠기기에는 더없이 멋진 공간이다. 미술에 조예가 깊지 않아도, 작가의 예술세계를 이해하지 못하더라도, 예술 작품을 보다 보면 기분은 꽤 괜찮아진다. 혼자 카페에 가거나 혼자 식당에서 밥을 먹는 것이 어색하고 위축되는 사람이라도 혼자 미술관에서 조용히 작품을 감상하는 것은 자연스럽게 할 수 있다.

『혼자 놀기』의 저자 강미영은 혼자 놀기를 통해 낯선 곳에서 '진짜 나'와 대화할 수 있다고 이야기한다. 일상에서 사람들과 부딪치면서 갖추는 예의와 격식을 벗어던지고 맨얼굴, 맨영혼과 맞닥뜨리는 혼자의 순간은 그 무엇과도 바꿀 수 없는 경험이라는 것이다. 어떤가, 살면서 한 번쯤은 누군가의 자식, 누군가의 아내, 누군가의 엄마로 존재하는 자신에게서 벗어나 '있는 그대로의 나'로 자유롭게 시간을 보내보고 싶지 않은가?

04 세상의 여자는 독서하는 여자와 독서하지 않는 여자로 나뉜다

누군가 '당신은 무엇을 할 때 가장 행복한가.' 하고 묻는다면 나는 주저 없이 '책을 읽을 때'라고 대답할 것이다. 더불어 따뜻한 아메리카노 한잔까지 곁들인다면 세상에 부러울 것이 없다. 나에게는 취미도 독서, 놀이도 독서이다. 참 재미없는 사람이라고 생각하겠지만 책을 읽고 있을 때가 가장 행복하니 어쩔 수가 없는 노릇이다. 때때로 활자 중독이 아닌지 의심이 가긴 한다. 언제 어디서건 읽을거리를 찾는데, 하다못해 전단지라도 읽지 않으면 눈이 허전하기 때문이다.

지금 생각해보면 나의 독서습관은 어머니로부터 영향을 받은 듯하다. 어머니는 살림을 하고 언니와 나를 키우느라 바쁜 와중에도 틈틈이 책을 읽으셨다. 그리고 인상 깊었던 책이 있으면 그 줄거리를 우리들에게도 말씀해주시곤 했다. 어머니가 책을 읽으시는 모습을 보며 내가 책을 든 것은 자연스러운 일이었다. 초등학교 시절, 휴일이나 방학 때면 우리 세 모녀는 종종 간식을 먹으며 뒹굴 거리면서 책을 읽곤 했다.

당시 읽었던 수많은 책 중에 특히 소년 탐정 '하디 형제'의 모험을 그린 『클루스 브라더스』 시리즈가 기억에 남는다. 이 책을 읽고는 소녀 탐정이 되겠다며 언니와 함께 돋보기를 들고 온 동네를 들쑤시고 다니기도 했다. 그렇게 어릴 때부터 들인 독서습관은 그리 길지 않은 세월을 살아오는 동안 내게 든든한 힘이 되어 주었다.

잠깐 내 경험을 이야기하자면, 학창시절 나는 공부보다는 만화책과 소설책 읽기에 바빴다. 고등학교를 졸업하고 수능 성적에 맞춰 대학에 무난하게 진학했지만, 얼마 지나지 않아 곧 후회가 밀려오기 시작했다. 최선을 다해 공부해 보지 않았던 것이 아쉬웠기 때문이다.

재수를 결심한 나는 1학기를 마친 후 휴학계를 내고 재수 학원에 다니기 시작했다. 하지만 하루 종일 앉아있어야 하는 학원 생활은 내게 맞지 않았다. 열심히 해보겠다는 처음의 결심은 흐지부지 사라졌고 학원 친구들과 어울려 놀기 바빴다. 시간이 흘러 수능 시험이 일주일 앞으로 다가오자 비로소 정신이 들었다. 이렇게 놀려고 휴학까지 했나 싶어 스스로가 한심했다. 앞이 캄캄해져 왔다.

책상 앞에 앉긴 했는데, 일주일 밖에 안 남은 마당에 무엇부터 공부해야 할지 엄두가 나지 않았다. 수리영역은 원래 소질이 없었고, 다른 과목들은 분량이 방대했다. 결국 내가 할 수 있는 과목은 언어영역밖에 없었다. 나는 넘기는 형식으로 된 오천 원짜리 언어영역 모의고사 문제집을 한 권 구입해서 수능시험 전날까지 다 풀었다. 50여 페이지밖에 되지 않아 금방 풀 수 있었다.

그해 수능 시험을 무사히 치렀고, 성적이 나왔다. 놀랍게도 언어영역의 성적은 상위 3% 이내의 좋은 점수를 기록했다. 다른 과목들의 점수들은 작년과 비슷하게 나왔기 때문에, 결과적으로는 성적이 올랐다. 덕분에 나는 서울 내 중상위권 대학 원하는 과에 무사히 입학할 수 있었다.

그럭저럭 언어영역에서 점수가 나올 수 있었던 이유는 아무래도 독서 때문이었던 것 같다. 놀 때도 꾸준히 책을 읽어왔기 때문에 이해력과 논리력 등의 기본기를 어느 정도 갖추고 있었을 것이고 이것이 내게 도움이 되었으리라.

십 수 년 후, 나는 사랑하는 사람을 만나 결혼을 해 가정을 이뤘고, 한 아이의 엄마가 되었다. 누구나 그렇겠지만 결혼생활이란 것이 항상 행복하고 즐거운 일들만 가득한 것은 아니다. 살다 보면 경제적인 문제나 고부갈등, 가사분담, 육아 문제 등 여러 가지 문제로 부부 사이에 갈등이 생기기도 한다.

남편과 나 역시 결혼 후 몇 년 동안 이러한 문제들로 견해차를 보였었고, 결혼 생활이 무척 힘들게 느껴졌었다. 전에 살던 곳에서 멀지는 않았지만 낯선 동네로 시집을 온 터라 친정식구나 친구들을 자주 보지 못해 외롭기도 했다.

힘든 시기에 위안이 되었던 것은 사랑하는 내 아이와 도서관의 책들이었다. 엄마들의 '자양 강장제'는 아마도 자신의 아이들일 것이다. 자신을 바라보며 사랑스러운 미소를 짓는 아이를 보면 부모는 힘이 솟게 마련이다.

그럼에도 유난히 기분이 울적한 날이면 집 근처 도서관을 찾곤 했다. 요즘 도서관에는 유아 전용 코너가 마련되어 있어 아기와 그림책을 보기에도 좋다. 아이와 책을 보고 돌아가는 길에 책을 빌렸다. 원래 내가 좋아하는 장르는 소설이나 문학작품이었는데, 그 당시에는 주로 긍정의 힘에 대한 책이나 자기계발서를 읽었다. 책을 한 아름 안고 돌아올 때면 마치 내가 부자라도 된 듯 뿌듯한 기분이 들었다.

혹자는 자기계발서에 대해 사람들에게 허황된 환상을 심어주는 쓸모없는 책들이라 평가절하하기도 한다. 또한 "책 읽는다고 뭐가 달라지느냐"고 책 무용론을 펼치는 이들도 있다. 그러나 나는 그렇게 생각하지 않는다. 나 자신이 그러한 책들을 읽고 새로운 삶을 살게 된 산 증인이기 때문이다.

책을 10권 가량 읽었을 때 나는 지금까지의 삶과는 다른 삶을 살 수 있을지도 모른다는 실낱같은 희망을 품게 되었고, 20권을 읽자 확신이 생겼다. 30권을 넘어서자 사고방식이 바뀌는 것을 느꼈고, 나의 생활도 달라졌다.

타인에게 휘둘리고 남의 눈치를 보던 과거의 나에서 삶을 주도하는 내가 되었다. 어떤 일들이 닥쳐도 충분히 이겨낼 수 있다는 자신감도 생겼다. 보다 나은 삶에 대한 꿈과 희망도 갖게 되었다. 어렴풋이 작가가 되겠다는 꿈을 꾸기 시작한 것도 이 무렵부터이다. 결국 그 꿈이 실현되었으니 적어도 나에게 있어서 '책 속에 길이 있다'는 말은 사실이다.

책으로 인해 인생이 달라진 사람들은 알고 보면 상당히 많다. 길 위의 철학자로 잘 알려진 에릭 호퍼(Eric Hoffer)가 그 대표적인 인물이다. 그는 어릴 때 사고로 몇 년간 시력을 잃었던 경험을 겪는다.

몇 년 후 기적적으로 시력은 회복되었지만 또다시 앞을 못

볼지도 모른다는 불안감에 그는 앞이 보일 때 최대한 책을 많이 읽자는 생각으로 책에 파고든다. 덕분에 제대로 된 정규교육을 받지 못한 떠돌이 노동자였음에도 불구하고 방대한 양의 책 읽기와 사색만으로 20세기 미국의 사상에 지대한 영향을 미친 사상가가 되었다.

『기적의 48분 독서법』의 저자 김병완 작가는 독특한 이력의 소유자인데, 원래 잘 나가던 삼성맨이었던 그는 어느 날 홀연히 사표를 내고 직장을 그만둔다. 그리고 매일같이 도서관에 출근해 책에 파고든지 약 3년, 만여 권의 책을 독파한다.

그는 책을 읽다 보니 어느 순간엔가 그것들이 머릿속에서 흘러넘치기 시작했다고 회고한다. 무작정 글을 쓰고 싶다는 열망에 자신도 모르게 펜을 집어 들었고 무엇인가에 홀린 듯 책을 써내기 시작했다. 그렇게 펴낸 책이 첫해에 33권, 그는 출판계에 혜성같이 떠오르는 작가로 변신한다. 그는 '독서를 통해 인생이 바뀌었다'고 말하며 지금도 대중에게 독서의 중요성을 알리고 있다.

역대 최연소 VVIP 전용기 사무장을 맡았던 김모란 부천대 교수는 2013년 9월 조선일보와의 인터뷰에서 재벌 회장들의 공통점을 '독서'라고 꼽은 바 있다.

"처음에는 비행기에 오르면 다들 주무실 것으로 생각했다.

그런데 전용기를 타는 회장님들은 나이가 많든 적든 간에 한 명도 예외 없이 책을 읽더라. 식사하고 짧게 눈을 붙인 뒤 일어나 어김없이 책을 손에 든다. 큰 회사 회장일수록 책을 더욱 많이 읽는다. 전용기에 오를 때 비서에게 책을 한 아름 사오게 하는 회장님도 있다."

입 아프게 말하지 않아도 사람들은 독서가 주는 유익함에 대해 너무나 잘 알고 있다. 때문에 부모들은 어떻게 해서든 자녀에게 책을 읽히려고 노력한다. 그래서인지 한때 젊은 엄마들 사이에서 아이에게 한 달에 천 권 이상의 책을 읽히는 독서법 열풍이 일기도 했다. 물론 지금은 '유사자폐'를 유발할 수 있다는 전문가들의 충격적인 의견에 그 열풍이 많이 식었지만 말이다. 과연 이런 방식으로 책을 접한 아이들이 성인이 되어서도 책을 가까이하게 될까? 주입식으로, 강요에 의해 하는 기계적인 독서는 도움이 되기는커녕 부작용만 양산할 뿐이다.

나는 내 아이들은 물론이고 주변 사람들에게 '성공하기 위해서' 혹은 '좋은 대학에 가기 위해서' 책을 읽으라고 권하고 싶지는 않다. 단지 그것만으로 한정하기에는 책이 주는 좋은 점이 너무나 많기 때문이다.

나는 아이에게 책을 '평생의 친구'로 삼게끔 해주고 싶다. 외로울 때, 심심할 때, 조언을 얻고 싶을 때, 슬플 때, 방황할 때, 시련과 좌절을 겪을 때…. 그 어떤 순간이라도 재미있는 책 한 권만 곁에 있다면 얼마나 든든한지. 책이 주는 즐거움을 알게 해주고 싶다. 책을 읽고 있으면 혼자라는 생각이 들지 않는다. 책이 안내해 주는 세상에 빠져들어 정신없이 읽고 있는 동안, 무료함이나 외로움 따위는 비집고 들어올 틈이 없으니 말이다.

어느 날 문득 내 인생도 이렇게 흘러가는 건가 싶어 왠지 울적할 때, 마땅히 연락할 친구가 한명도 떠오르지 않아 외로울 때, 허무하다는 생각이 들 때 책을 펼쳐 들기를 바란다. 당신이 손만 뻗으면 되는 그 자리에서, 책은 당신에게 위로를 선사하고 다정한 친구가 되어줄 준비를 한 채로 언제까지나 기다리고 있을 테니.

05 진짜 힐링은 커피보다 걷기다

　　　　　　평생을 변변한 직업도 없이 막노동과 주유소 아르바이트 등을 전전하며 살아온 남자가 있다. 어려운 가정형편 때문에 중학교밖에 나오지 못했지만 열심히 살면 언젠가는 성공할 수 있으리라 믿었다. 그래서 누구보다 최선을 다해 치열하게 살았다. 하지만 결과는 언제나 실패로 돌아갔고 그는 가난에서 벗어날 수 없었다.

　가방끈 짧은 게 한이었던 그는 35세의 늦은 나이에 수능 공부를 시작했다. 난독증까지 있던 터라 남들보다 몇 배의 노력을 해도 따라잡기 힘들었다. 그렇지만 반드시 해내겠다는 일념으로 수능 공부에 매진한 지 7년, 드디어 공부에 도가 트이는 순간이 찾아왔다. 어떤 어려운 문제가 나와도 만점을 맞을 수 있겠다는 자신감도 생겼다.

그러나 기쁨도 잠시, 아내로부터 청천벽력 같은 소식을 듣게 된다. 지금까지 큰아들이 성적을 위조해서 속여 왔다는 것이었다. 전교 5등인 줄 알았던 성적은 사실 전교 350등이었고, 아들의 게임중독은 심각한 수준이었다. 게다가 작은아들 또한 심각한 아토피로 학업을 지속하기 어려운 상태였다. 아토피가 어찌나 심한지 피부에 진물이 줄줄 흘러 눈도 못 뜰 정도였다.

고심 끝에 그는 아이들을 위해 자신이 하던 공부를 포기하기로 결심했다. 그리고 아이들을 데리고 하루에 8시간씩 걷기 시작했다. 어떻게든 아이들을 컴퓨터 앞에서 떼어놔야 했고, 무엇보다 건강한 신체에 건강한 정신이 깃든다고 생각했기 때문이다. 그들의 걷기는 눈이 오나 비가 오나 하루도 쉬지 않고 계속되었다. 처음에는 부자간에 한마디의 대화도 없었다. 그렇게 한 달 두 달, 시간이 지나면서 아이들은 아주 서서히 아버지에게 마음을 열기 시작했고 나중에는 아이들과 마침내 대화를 할 수 있게 되었다. 그렇게 그들이 몇 개월간 걸었던 거리를 합하면 자그마치 800km에 이른다고 한다.

아이들을 변화시키는데 성공한 그는 자신이 그동안 공부해

왔던 모든 지식과 노하우를 아이들을 가르치는 데에 쏟는다. 그렇게 헌신한 지 몇 년, 마침내 두 아들은 서울대와 한양대에 각각 우수한 성적으로 합격한다. 사교육은 단 한 번도 시키지 않은 채 오로지 아버지의 가르침만으로 이뤄낸 엄청난 결과였다. 이 대단한 아버지의 이름은 노태권. 그의 이야기는 입소문을 타고 큰 화제가 되었고, 그는 TV에 출연하여 자녀 교육법과 자신의 인생철학에 대한 강연을 하기도 했다.

노태권씨는 아버지와는 눈도 마주치지 않을 정도로 마음의 문을 닫았던 아이들을 변화시켜 명문대에 합격시킨 중요한 비결 중의 하나로 '걷기'를 꼽고 있다.

그런데 노씨 말고도 몸과 마음을 정화시키는 걷기의 신비한 힘을 적극 활용하는 국가가 있다. 바로 프랑스이다. 프랑스에서는 몇 년 전부터 비행청소년 교정에 '쇠이유(seuil)'라는 프로그램을 도입하고 있다. '쇠이유'는 소년원의 재소자들을 걷기를 통해 사회로 복귀시키는 프로그램이다. 청소년 1명에 어른 2명이 동반자가 되어 여행을 떠나도록 하는데, 하루에 25km씩 총 2천여km를 서너 달에 걸쳐 걷는다. 걷는 동안 음악, 휴대폰 등은 금지되고 오직 정해진 코스를 따라 동반자와 함께 걸어야 한다. 프로그램에 참가한 청소년들은 처음에는 힘들어하며 포기하려고도 하지만, 결과는 긍정적이다. 조사에 따르면

소년원에 수감된 청소년들의 재범률이 85%인 반면, 이 쇠이유 프로그램을 거친 청소년의 재범률은 15%였다.

이 쇠이유 프로그램을 창안한 사람은 베르나르 올리비에라는 프랑스의 도보 여행가이다.

원래 그는 정치, 사회부 기자로 30년간 현장을 누비며 활약했었다. 그러나 아내의 죽음과 퇴직을 연달아 겪으며 이젠 쓸모없는 늙은이가 되었다는 무기력감과 외로움에 시달린다. 극도의 우울증에 빠져 자살기도를 했지만 실패로 돌아가기도 했다. 삶을 지속해야 할 그 어떤 이유도 찾지 못했던 어느 날, 오랫동안 마음속에 품었던 실크로드 종주를 실행에 옮기기로 한다. 그렇게 시작한 걷기는 산티아고를 거쳐 이스탄불과 중국의 시안(西安)을 잇는 1만 2,000km에 이르는 4년간의 대장정이 된다. 그의 4년간의 기록을 담은 책 『나는 걷는다』는 프랑스에서 엄청난 반향을 일으키며 베스트셀러가 되었다. 우울함과 절망감에서 완전히 해방되었음은 물론이다. 살아가야 할 이유를 찾은 그는 자신의 경험을 통해 청소년들을 돕고자 쇠이유 프로그램을 창설하여 제2의 인생을 살고 있다.

걷기가 건강에 얼마나 좋은지에 대해서는 너무나 잘 알려져 있지만 사람의 정신건강에 미치는 영향은 그간 주목받지 못했었다. 그런데 최근 몇 년 새 '힐링'이 화두로 떠오르며 걷기가 마음에 미치는 영향이 주목받고 있다. 걷기가 사람들로 하여금 스스로 마음의 상처를 치료하게 한다는 것이다. 삶에 지쳐있는 사람들은 걸으면서 자신과 마주하고, 스스로를 옭아매었던 것들을 내려놓음으로써 다시 살아갈 힘을 얻는다. 제주 올레길, 지리산 둘레길 등의 인기가 식을 줄 모르고, 전국 곳곳의 명소에 걷기 코스가 신설되고 있다는 것 역시 걷기가 주는 소통과 치유의 힘이 재조명 받게 된 것이기 때문일 것이다.

'세로토닌 전도사'로 유명한 정신과 전문의 이시형 박사는 "반듯한 자세로 사뿐히 걸으면 세로토닌이 분비되면서 온몸에 적절한 긴장을 주어 생동감이 살아나고 얼굴에 생기가 돈다. 우울증 치료에 이보다 이상적이고 효과적인 치료법은 없다." 고 말한다.

이와 같은 효과가 나타나는 이유는 걷기가 뇌에 영향을 미치기 때문이다. 실제로 스트레스를 극심하게 받고 있는 사람을 약 30분간 걷게 한 후 신체 상태를 측정해 보면, 확실히 스트레스 수치가 낮아져 있고 정신적으로 안정되어 있는 것을 알 수 있다.

걸을 때 리드미컬한 진동은 뇌간에 자극을 주어 세로토닌의 분비를 촉진한다. 뿐만 아니라 뇌로 올라가는 혈액량이 많아져 뇌의 기능대사가 좋아진다. 뇌는 우리 몸의 정신적인 것들을 통제하기 때문에 집중력 등에 도움을 준다. 많은 위인들이 이 사실을 입증하듯 걸으면서 위대한 업적을 이뤘다. 모차르트는 걸어가면서 작곡을 했고, 찰스 디킨스는 런던거리를 걸으며 『크리스마스 캐럴』을 썼다. 칸트는 산책을 하며 자신의 철학을 정리했으며 아인슈타인 역시 걸어가는 도중에 '상대성 이론'을 떠올렸다.

사람들이 무언가를 골똘히 생각하다 자신도 모르게 자리에서 벌떡 일어나 서성거리곤 하는 것도 이런 원리 때문이다. 뇌에 혈액을 공급시켜 뇌가 더욱 활발히 활동하게 하기 위해 하는 무의식적인 행동이다. 때문에 스트레스를 많이 받을수록, 고민이 있거나 기분이 우울할수록 걸어야 한다.

나 역시 평소에 많이 걷는 편인데, 어린 시절에는 운동광이셨던 아버지 덕에 새벽마다 집 근처 산길을 걸었고 성인이 되고 나서는 다이어트에 돌입할 때마다 걸었다. 원 푸드 다이어트 같은 식이요법이나 수영 같은 다른 운동보다는 걷기가 내게 잘 맞았기 때문이다. 신기한 점은 예민하고 감정 기복이 심했던 성격이 운동 후 보다 느긋하고 여유롭게 변했다는 것이다.

출산 후 나는 단기간에 예전의 몸무게로 돌아올 수 있었는데, 그 비결 역시 걷기였다. 아기가 생후 6개월쯤부터 아기 띠를 하거나 유모차를 끌고 동네산책을 자주 나갔다. 덕분에 체중은 금방 돌아왔고 산모라면 다들 한 번쯤 겪는다는 산후우울증도 가볍게 지나갔다.

요즘은 딸과 함께 산책하며 꽃 이름도 알려주고 같이 나뭇잎을 줍기도 한다. 그렇게 아이에게 세상을 보여주며 함께 걷는 시간은 무엇과도 바꿀 수 없는 소중한 경험이다.

유난히 몸이 늘어지고 기분이 가라앉는 날이 있다. 그런 날엔 집안에 틀어박혀 있는 것보다 밖으로 나가 걷는 것이 좋다. 그리고 이왕이면 헬스클럽보다는 근처 공원이나 산책로 등 야외를 걷길 추천한다. 전문가들은 러닝머신에서 걷는 것과 자연에서 걷는 것은 다르다고 이야기한다. 러닝머신에서 걸을 때는 별다른 자극이 없는 반면 자연 속에서 걸을 때에는 외부자극과 마주하게 된다. 초록의 나뭇잎들이 어우러져 만들어내는 풍경, 노래하듯 여기저기서 지저귀는 새소리, 물기를 머금은 흙냄새 등. 보고 듣고 만져지는 모든 것들이 걷는 이에게 신선한 자극이 된다. 나를 둘러싼 환경과 나와의 정신적인 반응이 이루어지는 것이다. 그렇게 걷다 보면 해방감이 느껴지고 에너지로 충만해진다.

같은 길도 혼자 걸을 때보다 함께 걸을 때 더 짧게 느껴진다. 매일 규칙적으로 남편과 함께 걷는다면 부부관계는 더욱 돈독해 질 것이다. 같은 곳을 바라보고 걷다 보면 어느새 동행과 유대감이 생기기 마련이니 말이다. 또한 평소 대화가 없었다면 걷다가 마주치는 풍경을 소재 삼아 자연스레 대화를 시도해 볼 수도 있을 것이다. 서로 간에 쌓아온 감정들이 있다면 함께 걸으며 기분전환을 하는 과정에서 서운함이 조금은 풀어질 수 있을지도 모른다.

19세기 미국의 사상가 겸 문학자인 헨리 데이비드 소로우는 "하루를 축복 속에 보내고 싶다면 아침에 일어나 걸어라."라고 했다. 걷기는 보다 양질의 삶을 살기 위한 적극적인 삶의 의지이며 마음의 평화와 행복을 향한 첫걸음이다. 행복한 하루를 보내고 싶다면 지금 당장 나가서 거리를 걷자. 걷기를 통해 삶이 충만해질 것이다.

06 밑져야 본전, 주문서를 적듯 소원을 써내려가라

30대 중반의 평범한 가정주부가 있었다. 그녀는 미인도 아니었고 몸매가 뛰어난 것도 아니었다. 명문대 출신도 아니었으며 좋은 직장에 다녔던 것도 아니었다. 그저 남들처럼 사랑해서 결혼을 했고, 아이를 낳고 육아에 전념하며 아이가 새록새록 커가는 모습에서 기쁨을 느끼는 평범한 여성이었다.

그녀는 자신의 결혼생활에 대해 회의감을 느끼고 있었고, 경제적인 문제에도 처해 있었다. 앞으로 어떻게 살아야 할지 가족의 미래에 대한 고민도 많았다. 아이가 크면 교육비며 지출이 많을 텐데…. 이렇다 할 재주도 기술도 없던 그녀가 선택할 수 있는 것들은 제한되어 있었다. 그녀는 보다 나은 삶을 살고 싶었고 아이에게 좀 더 좋은 환경을 주고 싶었다.

마음이 무거웠던 그녀는 어느 날 도서관에서 책을 한 권 읽게 된다. 원하는 것을 상상하면 이루어진다는 내용이었다. '이거 뻔 하자나' 그녀는 책을 제자리에 넣으려다가 나름대로 위로가 되겠다 싶어 도로 집어 들고 대출을 한 뒤 집으로 향한다.

뻔해 보이는 제목이었지만, 책을 읽으며 참으로 오랜만에 그녀는 '희망'이라는 싹이 마음속 단단하게 굳은 땅을 뚫고 올라오려는 것을 느꼈다. 그녀는 몇 개월에 걸쳐 비슷한 종류의 책들을 모조리 다 빌려서 읽는다. 그리고 어느 날 곰곰이 생각한 끝에 자신이 원하는 것들을 노트에 적어 내려간다. 그녀가 노트에 썼던 내용 중 몇 가지만 소개하자면 다음과 같다.

1. 다른 동네로 이사를 간다.
2. 아파트에 산다.
3. 애플에서 나온 맥북에어 노트북을 갖는다.
4. 책을 써서 베스트셀러가 된다. 작가가 된다.
5. 강연을 다닌다.
6. 지금 나를 괴롭게 하는 고민들에게서 벗어나 행복해진다.

막상 써놓고 보니 허황된 이야기 같아 보였다. 지금 형편에 이사는 무리였고 더구나 지금 가진 전세금으로 옮길 수 있는 곳은 다세대 주택이나 작은 빌라밖에 없었다. 게다가 그녀는 문학 전공자도 아니었고, 글을 잘 쓰는 재주가 있는 것도 아니었다.

전에 어떤 친구가 "너 방송작가가 되어보는 게 어때?" 하고 권한 적은 있었지만 살면서 글짓기 대회에서 상 한 번 타본 적이 없었다. 그런데 작가가 된다니? 강연도 마찬가지였다. 평범한 아줌마에게 기회가 주어질 것인가. 그녀는 자신이 우스웠다. 그렇지만 한편으로는 원하는 것을 쓰는 것만으로도 잠시나마 기분이 좋아졌다. 정말 그런 미래가 자신에게 오기라도 한 것처럼.

3년이 지났다. 지금 그녀가 사는 곳은 전에 살던 곳이 아닌 다른 지역이며, 비록 전세인 데다가 평수도 넓지 않지만 아파트에서 살고 있다. 이사한 후부터는 마음도 훨씬 편해지고 행복해졌다. 몇 달 전 그녀의 생애 첫 책이 출간되었다. 그리고 그녀는 지금 이 이야기를 책상 앞에 앉아 자신의 최신형 맥북에어 노트북으로 쓰고 있다.

이미 눈치 챘겠지만, 이야기의 주인공은 바로 나다. 책들을 빌려 읽고 소원 리스트를 쓸 당시만 해도 나는 지푸라기라도 잡는 심정이었다. 그만큼 나는 의지할 데가 없었다. 어쩌면 내가 원하는 것들을 종이에 적으면서 스스로 위안을 받고 싶었는지도 모른다. 내가 꿈꾸는 삶. 저만치 멀리 떨어져 있어서 도무지 손에 닿지 않을 것 같은 풍요롭고 자유로우며 행복한 삶.

최소한 내가 원하는 것들을 종이에 옮겨 보기라도 하고 싶었다. 펜을 들어 종이에 적으면서 나는 내가 원하는 것들이 무엇인지 몇 십 년 만에 처음으로 제대로 알게 되었다. 아, 내가 이런 삶을 원하는구나.

아마 누가 내 소원 목록을 봤다면 비웃었을 것이다. 그 정도로 어찌 보면 황당무계한 소원들도 쓰여 있었다. 쓰면서도 설마 이 중에 하나라도 이루어지는 것들이 있을까 싶었다. 당시 내가 썼던 소원들은 약 20여 개. 그중에서 10여 개가 이루어졌다. 나머지 것들은 지금 현재 진행형이다.

『종이 위의 기적, 쓰면 이루어진다』에서는,

"꿈이나 소원을 종이에 적는 행위는 우주에 신호를 보내는 것과 같다. 이것은 스스로와 세상을 향해 신호등의 초록불처럼 앞으로 나아가라는 메시지를 전달하는 일종의 의식이다. 이때 우리는 에너지 파동이나 전파를 발산해서 필요한 사람이나 해결책을 자신에게로 끌어당기고, 세상은 우리의 소원에 화답하기 위해 가동된다."

라고 말하고 있다. 사람들은 어떠한 물건, 혹은 목표에 관심을 갖기 전에는 그것이 자신의 주위에 있었다는 사실조차도 깨닫지 못하곤 한다. 출산을 앞두고 유모차를 사려고 알아보던 때의 일이다. 유모차에 관심을 가지니 길을 가다가도 엄청나게 많은 유모차와 마주쳤다. 쇼핑몰에 가던 TV를 보던 어딜 가나 유모차가 눈에 띄었다. 그전에 같은 곳을 지나다녔을 때에는 유모차를 보았던 기억이 전혀 없었는데 말이다.

그 유모차들이 갑자기 튀어나왔을 리는 만무하다. 이것은 내가 유모차에 관심을 갖기 시작하면서부터 뇌의 '망상 활성화 시스템'이 유모차와 관련된 정보에 민감하게 반응하기 시작했기 때문이다. 목표를 종이에 기록하는 것 역시 '망상 활성화 시스템'을 자극하는 방법이라고 한다. 자극을 받은 두뇌는 목표를 이루기 위한 모든 정보를 수집한다고 한다.

실제로 하버드 졸업생 중 성공하는 사람들을 10년에 걸쳐 조사했더니, 졸업생 중 목표를 글로 적었던 3%의 수입이 나머지 97%의 수입의 10배에 달했다는 연구결과도 있다. 다른 이들과의 차이점이라고는 그저 종이에 꿈을 적었을 뿐인데 몇 십 년 후 격차가 이렇게 크게 벌어지다니, 놀라지 않을 수 없다.

『김밥 파는 CEO』의 저자 김승호 씨는 미국에서 무일푼으로 시작해 700억 규모의 기업체를 일군 사업가이다. 그는 자신의 소망을 작은 종이에 적어 지갑 안에 넣고 다닌다. 그리고 하루에도 몇 번씩 종이를 쳐다보며 이미 소원이 이루어졌다고 생각한다. 놀랍게도 그는 이 방법을 이용해서 엄청난 미인이었던 여성과 결혼에 골인했고 미국 대형 마트에 자신의 김밥 체인을 입점시켜 성공적으로 사업을 확장했다.

수표에 출연료 천만 달러를 적은 후 5년 뒤 영화「마스크」의 주연으로 캐스팅되어 천만 달러를 받은 짐 캐리, 실직자 신세였다가 100가지 소원을 종이에 적은 후 그 모든 것을 이룬 미국의 풋볼코치이자 스포츠캐스터 루 홀츠 등 종이에 원하는 소망을 적어 이룬 사람들은 수없이 많다.

단지 자신이 원하는 것을 구체적으로 적어 놓기만 했는데도 이루어진다는데, 잠깐의 시간을 들여 소원을 적는 것 정도의 수고는 해볼 만한 가치가 있지 않은가? 어차피 이루어지지 않아도 밑져야 본전이니 말이다.

나는 요즘도 내 소원노트에 내가 원하는 것들을 조금씩 수정하고 추가해 나가고 있다. 다음은 내 소원노트에 적혀 있는「드림리스트」의 일부분이다.

1. 조앤 롤링을 능가하는 세계적인 베스트셀러 작가가 되기
2. 60평대 아파트에 살기
3. 딸과 해외에 나가서 살기

4. 교수가 되어 대학 강단에 서기
5. 일 년의 반 이상은 해외여행과 크루즈 여행을 하면서 여유롭게 살기
6. 독립적이고 자유롭고 행복한 인생 살기

　기적은 그것을 믿는 사람에게만 일어난다. 나의 「드림리스트」에 적은 소망들은 램프의 요정 '지니'가 되어 내가 그것을 누릴 준비가 되어있을 때 "짠!"하고 나타날 것이다. 소망이 이루어질 시기가 언제가 될지는 모르겠지만, 반드시 이루어질 것이라 믿기에 오늘도 나는 한없이 감사한다. 이전과 다른 삶을 살고 싶다면 노트에 당신만의 꿈 리스트를 한번 적어 보라. 종이 위에 소망을 적는 사소한 행위가 당신의 인생을 영원히 바뀌게 할 것이다.

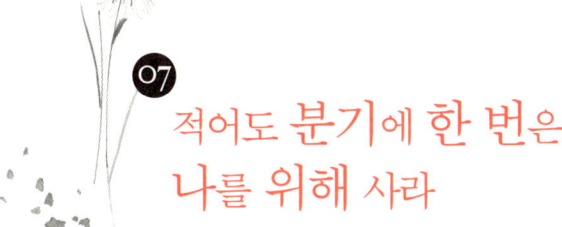

07 적어도 분기에 한 번은 나를 위해 사라

중학교 1학년 때였던 것으로 기억한다. 도서관에 갔다가 자료실에서 우연히 『스물셋의 사랑, 마흔아홉의 성공』이라는 제목의 책을 발견했다. 한 페이지 두 페이지 읽다 보니 나도 모르게 책에 빠져들었고 앉은 자리에서 두 권을 다 읽어버렸다.

이 책은 국제 홍보 전문가이자 로비스트인 조안 리 여사의 파란만장한 인생 스토리를 담고 있다. 그녀는 스물셋의 나이에 자신보다 29살이나 연상인 외국인 신부 케네스 킬로렌(Kenneth Killoren)과 결혼을 하였고, 이후 미국으로 건너가 국제적인 로비스트이자 홍보전문가로 성공한다. 책에서는 그녀가 사랑과 성공을 거머쥐기까지의 과정을 흥미진진하게 그리고 있다.

운명적 사랑과 직업적 성공을 모두 거둔 조안 리 여사의 인생 스토리는 열네 살 사춘기 소녀를 사로잡기에 충분했다. 그 옛날에도 이렇게 진취적이며 멋진 여성이 있었다니! 책을 읽으며 때론 통쾌하고 때론 가슴 찡했다. 이 책은 우물 안 개구리에 불과했던 어린 소녀의 시야를 세계로 넓히게끔 해주었고, PR 분야에 매력을 느낀 나는 후에 대학에서 신문방송학을 전공하게 되었다.

그녀의 파란만장한 스토리 중에 몇 십 년이 지난 지금까지 기억에 남는 부분이 있다. 숱한 고난을 헤치고 결혼에 골인한 이야기나, 비즈니스에서 성공한 이야기가 아닌 아주 사소한 에피소드이다.

바로 한 달에 한 번은 반드시 남편과 호텔에서 둘만의 시간을 갖는다는 부분과 사별 후부터는 매주 토요일마다 홀로 등산을 다닌다는 내용이 그것이다. 그녀는 아무리 바빠도 이 약속을 반드시 지켰다고 한다.

자신에게 시간을 할애하고 무엇인가를 선사한다는 것이 참으로 멋있다는 생각이 들었다. 최근에는 '힐링'이 키워드로 떠오르고 있고, 여행이나 여가를 알차게 보내는 방법이 주요 관심사가 되기도 하지만, 이 책을 읽었던 90년대 초중반만 해도 사회 전반이 앞만 보며 열심히 달려가는 분위기였다. 88 올림픽을 성공적으로 치르고 난 뒤 발전과 성장을 부르짖던 시절이었고 명동 성당 앞에는 최루탄이 난무하던 시절이었다. 그런 사회적 분위기 속에서도 자신을 위한 여유를 향유하던 여성이 있었다니. 시대를 앞서간 라이프스타일이었지 않나 싶다.

미혼이었을 때는 자신을 위한 투자를 아끼지 않다가도 결혼하면 돌변하는 것이 여자들이다. 여행을 다니고 옷을 사고 피부 관리를 받는 것은 싱글들에게는 흔한 일이지만, 결혼하면 제일 먼저 자신에게 돈을 쓰는 것부터 인색해진다.

성인 대다수가 한 달 벌어 한 달 먹고사는 월급쟁이들이다. 월급은 쥐꼬리만큼인데 돈 나갈 곳은 많으니 아내들은 돈을 아낄 수밖에 없다. 나 역시 결혼하고 살림을 하게 된 이후로 점점 알뜰하다 못해 억척스러운 아줌마가 되어 감을 느낀다.

어쩌면 그래서 스스로에게 선물을 해보자는 권유는 뜬금없게 받아들여질 수도 있겠다. 하지만 그렇기에 더욱더 자신에게 여유와 즐거움을 선사해야 한다.

'선물'이라는 단어는 그 자체만으로도 기분이 좋아지게 하는 힘을 가지고 있다. 선물하는 사람은 선물을 받으며 기뻐할 상대방의 모습을 상상하며 즐겁고, 받는 사람은 자신을 생각하는 상대방의 마음에 감사하며 행복해진다. 주는 사람과 받는 사람 모두 행복하게 만드는 것이다. 때문에 누구보다도 소중한 자기 자신에게 자주 선물을 해야 할 필요가 있다.

자기 자신에게 하는 선물은 단지 필요한 물건을 쇼핑하는 것과는 다르다. 특별한 의미를 담아 나에게 무언가 선사하는 것이다. '그동안 참 열심히 살았다'는 칭찬의 의미이자 '앞으로도 열심히 살자'고 새롭게 각오를 다지는 격려의 의미이기도 하다. 또한 '나도 이런 여유를 부려 보는구나.' 하고 삶에 여유를 느낄 수 있게 해주기도 한다. 가정을 지키기 위해 누구보다 헌신하고 고생하고 있는 아내들이야말로 선물을 받을 자격이 있다.

열혈 워킹맘 P가 자신에게 주는 선물은 바로 콘서트에 가는 것이다. 그녀는 결혼 전부터 크로스 오버 음악에 심취했었다. 때문에 외국의 유명한 음악가들이 내한공연을 하면 열일 제쳐놓고 보러 가곤 했다. 하지만 결혼 후 아이 둘을 키우며 직장을 다니느라 통 공연을 볼 수 없었다.

그러던 어느 날, 그녀가 열광했던 스티브 바라캇이 내한해 콘서트를 연다는 소식을 듣게 되었다. 오랜만에 가슴이 뛰었던 그녀는 주저 없이 티켓을 끊었다. 비록 비용은 좀 비쌌지만, 콘서트에 가서 받을 감동과 즐거움을 생각하면 충분히 지불할 만

하다고 생각했다. 몇 년 만에 처음으로 콘서트에 가게 된 그녀는 공연을 보며 예전의 열정이 되살아나는 것 같았다.

그 후 그녀는 틈나는 대로 용돈을 모아 좋아하는 음악가들의 공연을 보러 간다. 택시를 타지 않고, 프랜차이즈 커피 마시는 횟수를 줄이는 등 불필요한 지출은 줄여서 티켓비용을 충당한다. 그녀는 컴퓨터 앞에 앉아 다음번 콘서트를 예매할 때가 가장 행복하다고 한다.

친한 친구인 K는 가끔씩 마사지 숍에 가는 것이 자신에게 주는 선물이다. 살림과 육아만으로도 바쁘긴 하지만, 일부러 시간을 내어 근처 숍에 들러 관리를 받곤 한다. 얼굴부터 목과 어깨에 이르기까지 마사지를 받고 나면, 모든 피로가 풀리는 것 같다. 또한 정성스러운 손길로 이뤄지는 세심한 관리를 받다 보면 스스로 특별한 사람이 되는 것 같은 느낌에 기분까지 좋아진다. 피부가 좋아지는 것은 물론이고 말이다.

마사지 덕에 20대 못지않은 피부와 활력이 넘치는 삶을 살고 있는 그녀는 주위 사람들에게 한 번쯤 관리를 받아보라고 권한다. 요즘은 가격대 별로 서비스가 차별화되어 있기 때문에 그녀 역시 부담 없는 비용으로 마사지샵을 이용하고 있다.

아가씨였을 때 뛰어난 패션 감각을 자랑했던 K. 하지만 그녀는 결혼 후 제대로 쇼핑을 해본 적이 없다. 전업주부다 보니 특별한 날을 제외하고는 꾸미고 다닐 일이 없는데다가 옷값도 만만치 않기 때문이다. 그러다 보니 점점 더 옷차림에 신경을 쓰지 않게 되었다.

스스로가 한없이 초라하게 느껴지던 어느 날. 생각해 보니 자신이 가장 행복한 순간은 예쁘게 차려입었을 때였다. 차려입으면 어깨가 저절로 펴지고 자신감이 생기곤 했다. 그녀에게 있어 옷은 단순히 옷이 아니라 그녀에게 기운을 북돋아 주는 자양강장제와도 같은 존재였던 것이다.

그 뒤 그녀는 적어도 한두 달에 한 번은 적정한 가격 선 안에서 마음에 드는 옷을 구매한다. 비록 집에서 입기에는 불편한 스타일의 옷이라도 말이다. 그리고 집에서도 항상 깔끔하게 단장하고 가족들을 대한다. 처음에는 "오늘 무슨 날이야?"하며 어색해하던 가족들도 이제는 그녀가 예쁘게 차려입은 모습을 자연스럽게 받아들인다. 그녀 또한 이렇게 차려입으면 자신이 좀 더 젊고 여성스러워지는 것 같아 즐겁다. 이전보다 가족들을 대할 때 좀 더 부드럽고 상냥해진 것은 물론이다.

스스로에게 어떤 선물을 할 것인가는 개인의 취향에 따라 다를 것이다. 맛집 탐방을 좋아하는 사람은 멋진 레스토랑에서 맛있는 스테이크를 먹는 것을 선물할 수도 있고, 책을 좋아하는 사람은 평소 읽고 싶던 책으로, 또 어떤 사람은 진한 향의

향수를 사거나 화장품을 자신에게 선물할 수도 있을 것이다. 무엇이든 어떤 것이든 상관없다. 받아서 기쁘고 행복하면 그것이 곧 선물이다.

적어도 분기에 한 번씩은 나를 위한 선물을 사자. 그렇게 스스로를 격려하자. 오늘날 당신의 가족이 존재할 수 있는 것은 바로 당신 때문이다. 가정을 위해 물심양면으로 노력하고 아이들 건강하게 잘 키우는 일은 참으로 어렵고 대단한 일이다. 가정을 일구는데 중요한 역할을 한 당신은 충분히 칭찬받을 만하다. 그리고 충분히 선물 받을 자격이 있다.

지금까지 잘해왔듯, 앞으로도 잘 해나가기 위해서, 더욱 힘내기 위해서라도 자신을 다독이자. 이번에는 무엇을 선물할지 고르면서 설레어 보기도 하고, 받는 기쁨도 누려보자. 그런 소소한 행복 속에서 당신의 인생은 더욱 윤택해질 것이다.

08 '소녀 마인드'로
당신의 시계를 거꾸로 돌려라

'현대 나이 계산법'이라는 것이 등장해서 화제다. 지난해 초부터 SNS를 타고 퍼지기 시작했다는데, 이 계산법에 따르면 자기 나이에 0.8을 곱한 나이가 현대 사회의 진짜 나이라고 주장한다. 현재 전체인구 중 85세 이상이 차지하는 비율이, 약 50년 전 68세 이상이 차지하던 인구 비율과 일치한다는 데서 착안한 계산법이라고 한다.

우리나라는 제 나이에 0.8을 곱하지만 일본은 한술 더 뜬다. 자기 나이에 0.7을 곱하는 것이다. 심심풀이로 나도 한번 계산해봤더니 턱걸이기는 하지만 아직 20대로 나왔다. 아직 젊다는 생각에 기분이 은근히 좋아진다.

미국 시카고대학의 버니스 뉴가튼(Bernice Neugarten)교수는 75세까지는 노인이 아니라고 정의한 바 있다. 젊고 건강한 노년층을 일컫는 '신중년', '액티브 시니어(Active Senior)'라는 말도 생겨났다.

보험 광고에서도 100세 시대를 외칠 만큼 이젠 장수가 보편화된 시대이다. 요즘엔 60대는 어디 가서 노인 축에도 못 낀다. 적어도 75세는 넘어야 노인으로 쳐줄 정도다. 그러니 일각에서 새로운 나이 계산법이 나오는 것도 수긍이 간다.

현대 나이 계산법을 보면서 예전에 비해 인간의 수명이 길어졌다는 것을 느끼면서도, 한편으로는 '나이'라는 것이 이제는 남들이 정해놓은 절대적 기준에 의해 결정되는 것이 아니라 상대적인 개념으로 바뀌어갈지 모른다는 생각이 든다. 한마디로 '내가 어떻게 사느냐'에 따라 내 나이보다 젊게 혹은 내 나이보다 늙게 살 수 있는 것은 아닐까. 실제로 개개인의 노화 진행정도와 건강상태에 따른 '신체나이'라는 말도 있으니 말이다.

'동안'과 '젊음'에 대한 열풍은 몇 해 째 계속되어오고 있다. 아니, 점점 더 그 열풍이 거세지고 있다. '동안 선발대회'가 열리기도 하고, 주부들을 대상으로 하는 TV 프로그램에서는 '동안 비법'에 대한 정보도 심심치 않게 소개되고 있다. 누구나 늙지 않고 영원히 팽팽한 젊음을 유지하며 살고 싶어 할 것이다. 나 역시 매일 아침에 일어나 제일 먼저 하는 일은 거울을 보며 안색을 살피는 것이다. 우리 여자들에게 동안과 젊음은 영원한 숙제이다.

1979년도에 행해졌던 매우 흥미로운 실험 한 가지를 소개하고자 한다. '시계 거꾸로 돌리기 연구'라는 이름의 이 실험을 계획한 사람은 미국의 여성 심리학자 엘렌 랭어(Ellen J. Langer)박사이다.

실험의 내용은 비교적 간단했다. 70~80대 노인 8명을 실험 참가자로 선정하여 미국 뉴햄프셔 주에 있는 옛 수도원에서 일주일가량 생활하도록 한 것이다. 연구진은 실험 참가자들에게 몇 가지 수칙을 알려주고 이를 지키도록 했다. 지금으로부터 20년 전인 1959년으로 돌아갔다고 생각하며 생활하라는 것, 그리고 20년 전의 정치, 사회, 스포츠 등을 현재형으로 이야기하라는 것, 설거지나 청소, 빨래 등의 집안일은 스스로 하라는 것 등이 그것이다.

노인들은 1950년대 풍으로 꾸민 방에 배치되었다. 벽에는 1950년대 달력과 당시 영화배우들의 사진이 걸려있었다. 그들은 매일 59년도에 방영된 영화와 TV를 시청했고, 당시 사회적 이슈들을 마치 요즘의 일인 것처럼 이야기했다. 몸을 가누기 힘들었지만 서로 도와가며 집안일도 했다.

그렇게 시간이 흐르고 일주일 뒤. 이들의 신체를 측정해 보니 시력, 청력, 기억력 등 실제로 신체 대부분의 기능이 20년 전인 50대 수준으로 향상됐다. 서 있는 것도 힘들어 보이던 검버섯 투성이의 노인들이 다시 젊어진 것이다.

랭어 박사의 실험을 보면 사람의 가진 생각의 힘이 얼마나 대단한지 놀라움을 금치 못하게 된다. 생각은 심지어 시들어가는 육체까지 과거로 되돌릴 수 있다. 자신이 50살이라고 생각하니 정말 50살이 되는 것이다!

여자들은 결혼하고 아이를 낳으면서 '아줌마'가 된다. 그리고 스스로가 정해 놓은 '아줌마'의 틀 안에 자신을 가둬놓는다. 어릴 적 나는 아줌마가 되면 무조건 머리를 짧은 쇼트커트로 자르고 보글보글 파마를 해야 하는 줄로만 알았다.「전원일기」같은 TV 드라마에 나오는 아줌마들처럼 말이다. 나이 든 여자들의 모습은 왜 모두 똑같을까? 나도 머리 자르고 파마를 해야 하나? 어린 마음에 나도 크면 저들과 똑같이 하고 다녀야 한다는 생각에 슬펐던 기억이 난다.

이제는 '나이'에 대한 패러다임이 바뀌고 있다. 앞으로 시간이 지나면서 점점 더 나이에 대한 고정관념은 사라져 갈 것이다. 극단적인 표현이지만, 나이 들어갈수록 더욱 나잇값을 못하고 살아야 할 필요가 있다. '나잇값을 못 한다'는 말에는 철없는 행동을 한다는 뜻도 있지만, 바꿔 생각하면 '나이보다 젊게 행동한다.'는 의미도 함축되어 있다. 여기서 말하고자 하는 것은 바로 '나이보다 젊게 살자'는 것이다. 나이를 의식하지 말고 의식적으로 젊게 살도록 노력해야 한다.

그럼, 나이보다 젊게 살려면 어떻게 해야 할까? 고정관념에 얽매이지 말고 유연하고 자유로운 사고를 유지하는 것, 열린 태도를 가지는 것, 즐거운 일들을 만드는 것, 체력도 외모도 젊어지도록 관리 하는 것 등 여러 가지가 있을 것이다. 여성들은 그중에서도 특히 외모와 체력을 관리했으면 한다. 결혼해서도, 나이가 들어도 여성으로서의 정체성을 유지하는 것 역시 정신 건강 면에서 매우 중요하기 때문이다.

'아이를 둘이나 낳은 내가 미니스커트에 하이힐이라니, 말도 안 돼.' '이런 옷은 아가씨들이나 입는 거야.'… 나는 여자들이 이런 고정관념들에 반기를 들었으면 좋겠다. 나이가 40이 넘었으면 어떤가? 나이가 몇 살이던 각선미에 자신이 있으면 당당히 미니스커트에 힐을 신어 보는 것이다.

중년 여성이 머리를 길게 기르면 또 어떤가. 긴 머리는 아가씨들만의 전유물이라는 법이라도 있던가? 아줌마는 몸에 달라붙거나 섹시한 옷을 입어서는 안 된다는 법이라도 있단 말인가? 스스로 '아줌마', '중년'이라는 틀에 자신을 끼워 맞추다 보면 자신도 모르게 나이보다 훨씬 더 늙어 보이게 된다. 나이 들어 보이는 스타일을 고집하다 보면 실제로 신체도 늙어 간다.

반전이 있는 영화가 재미있듯 반전이 있는 여자 역시 매력적이다. 섹시하고 멋진 여자가 서 있는데, 아이가 달려와서 '엄마!'하고 안기면, '저 여자, 애 엄마였어?'하고 한 번 더 시선이 가기 마련이다.

마음가짐도 마찬가지이다. '이 나이에 뭘 시작해?', '난 늙었어.'라고 생각할수록 머리는 정말 굳어지고, 사고방식도 늙어간다. 그런 생각으로 살아가는 사람은 표정이나 분위기에서 노쇠함이 반드시 드러나기 마련이다.

나잇값 못한다는 이야기 좀 들으면 어떤가. 소녀 시절 가졌던 감수성을 다시 한 번 되살려 보자. 나이 들며 세파에 찌들어 살다 보니 어느새 마음속에서 자취를 감춰버린 감수성 말이다. 길가에 핀 이름 모를 꽃 한 송이에도 감동하고, 굴러가는 낙엽에도 배를 잡고 웃든 빛나든 그 시절로 돌아가는 거다. 누군가 말하지 않았던가. 나이 먹어 간다는 것은 곧 무뎌지는 것이라고. 한 그릇의 밥을 먹을 때에도 감사하는 마음으로 감탄하며 맛있게 먹고, 작은 일에 호들갑도 떨어보자.

평소에 해보고 싶었지만 나이 때문에, 주위 시선 때문에 못했던 것이 있다면 도전해 보자. 라틴댄스를 배워보는 것도 좋고, 클럽에 가보는 것도 좋다. 동호회 활동도 생활에 활기를 준다. 현대 나이 계산법으로 계산해 봐도 당신은 아직 충분히 젊지 않은가.

올해 초 노컷뉴스에서 '로즈'라는 이름을 가진 미국 할머니에 대한 기사를 읽었던 적이 있다. 그녀의 이야기는 죽는 순간까지 '진정한 청년'으로, 삶을 사랑하고 열정적으로 사는 것이 어떤 것인가에 대해 말해주고 있다.

'로즈'라는 이름의 이 할머니는 무려 87세의 나이에 대학에 들어갔다. 평생의 소원이 대학 졸업장을 갖는 것이었기 때문이다. 그녀는 자그마한 체구의 고령의 할머니였지만, 대학에 들어온 이유를 "멋진 남자를 여기서 만나 결혼도 하고 애도 셋쯤 낳으려고." 답하던 위트 넘치는 사람이었다.

유머러스하고 지혜가 넘치던 로즈는 금세 학생들의 친구가 되었고, 캠퍼스의 아이콘으로 떠올랐다. 로즈는 옷도 화려하게 입었고 학생들의 관심을 받는 것을 즐겼다. 언젠가 학생들의 요청으로 선 어느 연설에서 '즐겁게 놀기를 멈추지 마라, 꿈을 가져라, 후회 없는 삶을 살아라.' 라고 당부하기도 했다. 그녀는 그 누구보다도 대학생활을 행복하고 알차게 보냈고, 마침내 그토록 원하던 대학 졸업장을 탔다. 그리고 졸업식 일주일 뒤, 평화롭게 잠든 모습으로 생을 마감했다.

'로즈'의 장례식에는 2,000명이 넘는 학생들이 조문객으로 방문했다. 그리고 학생들은 삶을 열정적으로, 젊은이보다 더욱 젊고 멋지게 살았던 그녀의 삶에 경의를 표했다.

불교에 '일체유심조(一切唯心造)'라는 말이 있다. 모든 것은 오로지 마음이 지어내는 것임을 뜻한다. 청춘은 나이가 들었을 때 끝나는 것이 아니라 스스로 빛이 바랬다고 생각했을 때 끝나는 것이다.

나잇값을 못하고 살자. 소녀의 마음을 잃지 말자. 지금 당신이 보내고 있는 지금 이 시기는 당신 인생에서 가장 젊고 찬란한 시기라고 생각하면서 살자. 남들 눈치 보며 살기에 인생은 짧고 하고픈 일은 많다. 젊은 마음으로 활기차게 살아간다면 당신은 남들보다 몇 배로 빛나고 의미 있는 인생을 살아갈 수 있을 것이다.

09 자신을 가꾸지 않는 것은 여자의 직무유기다

모든 아가씨가 그렇듯 나도 결혼 전에는 꽤 외모에 신경을 썼다. 젊은 미혼여성에게 아름다운 외모는 경쟁력이자 자신감의 표현이기도 하다. 물론 20~30대 초반의 나이 때는 꾸미지 않은 젊음 그 자체로도 충분히 아름답다. 하지만 가장 아름다운 시기를 더욱 빛나게 보내고 싶은 마음은 모든 여성의 바람 아니겠는가.

솔직히 고백하자면 나는 그저 평범한 보통의 외모를 가지고 있다. 그나마 부모님으로부터 큰 키를 물려받았다는 것만이 나의 유일한 장점이다. 내세울 것 없는 평범한 외모였기에 더욱 더 외모에 신경을 썼던 것 같다.

　나는 주로 옷과 화장품에 투자를 했다. 마사지나 시술은 따로 받지 않았지만 화장품은 유명 브랜드 제품을 구입했고, 특히 탄력이나 미백에 효과가 있는 제품에 비용을 아끼지 않았다. 원피스를 차려 입기를 즐겼고, 아무리 걷기 불편해도 8cm 높이의 힐에서 내려오지 않았다. 하이힐은 내 자존심이었기 때문이다.

　언제나 풀 메이크업에 힐을 포기하지 않았던 내가 변하게 된 것은 출산하고 아이를 키우면서부터였다. 출산을 경험한 여성들이라면 다들 잘 알고 있겠지만 갓난아기를 돌보다 보면 기본적인 욕구도 해결하지 못할 때가 생기는 것은 다반사다. 만성 피로에 시달리고, 아기가 잠들었을 때 겨우 끼니를 때우는 것은 일상이 된다. 그런 마당에 스타일 망가질 걱정을 할 겨를이 있었겠는가.

　나를 잘 아는 지인들은 아이를 키우며 망가진 내 모습을 보고 경악을 금치 못했다. 전에는 집 앞 슈퍼에 나갈 때에도 꼭 화장을 하고 차려입고 나갔었는데, 이제는 민낯에 머리는 질끈 묶은 채, 트레이닝복과 운동화 차림이 나의 외출 패션이었다. 그런 거울 속의 내 모습을 볼 때마다 한숨이 절로 나왔지만, 아이 키우는 엄마들은 다들 나 같을 것이라고 스스로 위안했다.

그랬던 내가 긴장을 하게 된 계기가 있었다. 오랜만에 남편이 쉬는 날, 쇼핑몰로 외출을 했다. 우리 식구끼리 오붓하게 쇼핑도 하고 식사도 할 겸 해서였다. 평일 낮 시간대에 방문해서인지 쇼핑몰에는 젊은 아기엄마들이 눈에 많이 띄었다. 나는 아기엄마들을 보고 입이 딱 벌어졌다. 어쩜 다들 하나같이 아가씨 같은지!

그녀들만 놓고 보면 아기엄마라는 것을 전혀 짐작할 수 없었다. 세련된 옷차림, 단정한 헤어스타일, 깨끗한 피부, 날씬하다 못해 마른 몸매, 아직도 얼굴에 남아 있는 풋풋함…. 유모차를 끌고 있거나, 아기를 안고 있었기 때문에 아기 엄마라는 것을 알았지 혼자 있었으면 아가씨로 보았을 것이다.

같은 아기엄마인데도 마치 다른 별에 사는 사람처럼 나와 이렇게 다르다니. 나도 모르게 얼굴이 화끈거렸다. '신경 좀 쓰고 나올 걸' 하는 후회가 밀려왔다. 나만 팍 퍼진 아줌마인 것 같아 옆에 있는 남편 보기가 괜히 민망했다. 쇼핑을 하는 둥 마는 둥 마치고 집으로 돌아오며 우울한 기분에 휩싸였다. '내가 그동안 너무 방심하고 살았던 건 아닐까?' 그리고는 다짐했다. 다시 관리 모드에 돌입하리라.

남녀노소를 막론하고 자기관리에 철저한 시대이다. 멋진 스타일과 식스팩은 연예인들만의 전유물이 아니다. 길을 가다 보면 연예인인지 일반인인지 구분이 안 될 정도로 멋진 여성 혹은 남성들이 흔히 눈에 띈다. 자기관리 열풍은 아이 엄마라고 해서 예외는 아니다. 요새는 같은 어린이집이나 같은 반 아이 엄마들만 봐도 관리 안 하고 퍼진 엄마들은 찾아보기가 어렵다. 엄마들이 죄다 예쁘고 날씬하니 아이 낳고 키우느라 고생해서 그렇다는 변명은 이제 통하지 않게 되어버렸다.

한편으로는 은근히 억울하다는 생각도 든다. 결혼하고 엄마가 되어도 여전히 계속 긴장하고 여자로서의 매력을 가꿔야 하니 말이다. 특히 여자들의 외모에 대한 사회의 잣대는 남자들에 대한 잣대보다 엄격하다. 여자로 사는 것은 왜 이다지도 피곤한 것인지.

어느 케이블 방송에서 평소 '외모를 완벽하게 관리하는 여자'와 '관리를 전혀 하지 않는 여자' 둘을 놓고 실험을 한 적이 있다. 두 여자를 어린이집 일일 선생님으로 보내 아이들과 시간을 보내게끔 한 후 아이들의 반응을 관찰한 것이다.

과연 아이들은 어느 쪽을 선호했을까? 결과는 관리하는 쪽의 승리. 아이들은 화사한 원피스를 입고 세련되게 화장한 선생님에게 환호했고, 선생님의 말씀을 잘 따랐다. 하지만 면 티에 화장기 없는 얼굴, 푸석푸석한 헤어스타일의 선생님에게는 그다지 관심을 보이지 않았다. 심지어 어린아이들까지 외모를 본다! 이러니 우리 엄마들도 자의 반 타의 반으로라도 외모에 신경 써야 하는 것은 이제 피할 수 없는 대세다.

적당한 긴장감을 가지고 스스로 가꾸며 사는 여자와 그냥 풀어진 채 사는 여자는 확연히 구분된다. 신경 쓴 듯 안 쓴 듯 깔끔한 옷차림과 옅은 화장으로 과하지 않게 꾸민 여자는 함께 있는 사람들까지 기분 좋게 만들어 준다. 스스로를 존중하는 사람을 타인들이 함부로 대할 수 없는 것은 당연한 일이다. 반면에 자신을 가꾸지 않는 여자는 티가 난다. 사람들은 알게 모르게 그런 사람을 함부로 대하기 마련이다. 스스로를 아끼지 않는데 타인이 자신을 존중해주기를 기대하는 것은 무리다.

긴장감을 가지고 자신을 가꾸는 여자는 자투리 시간을 허투루 쓰지 않는다. 피곤하다며 누워있기보다는 일어나서 몸을 부지런히 움직이고, 사무실에 앉아있을 때에도, 설거지할 때에도 배에 힘을 주거나 간단한 체조로 몸매를 다듬는다.

우리는 알고 있다. 피곤하고 귀찮더라도 가끔씩 팩이라도 하고 잠든 다음 날 거울을 볼 때 느끼는 만족감. 군것질하고 싶은 생각을 꾹 참고 운동하고 난 뒤 헐렁해진 바지를 입었을 때 밀려드는 뿌듯함과 성취감. 약간의 노력으로 보다 멋져진 내 모습이 나에게 주는 행복과 자신감. 바로 그것이 자기 사랑의 한 방법이라는 것을 말이다.

나도 이제는 하루가 다르게 탄력을 잃어 가는 내 몸 구석구석을 보며 정신이 번쩍 든다. 요즘에는 며칠만 신경을 안 써도 피부는 칙칙해지고, 몸이 무거워지는 느낌이 들기 시작한다. 나이 들수록 더 많이 신경을 써야 그나마 관리한 티가 난다.

요즘은 틈틈이 인터넷과 책을 뒤지며 피부 관리 비법을 찾아보고, 천연 팩을 하기도 한다. 과식했다 싶은 날은 아이와 함께 산책을 나가 동네를 한 바퀴 돌고, 다음날은 소식하기도 한다. 허리에 군살이 붙었다 싶으면 자기 전에 훌라후프를 돌리기도 한다.

이렇게 여러 가지 방법을 시도하고 있는데, 그중에서도 여러 사람에게 권하고 싶은 방법이 있어 잠시 소개한다.

그것은 바로 비타민 C와 각종 비타민을 매일 섭취하는 것이다. 노화방지와 피부를 위해서는 비싼 화장품을 바르고 마사지를 받는 것도 중요하지만, 비타민 섭취와 식습관 등 이너뷰티에 신경 쓰는 것이 더욱 중요하다.

몇 년 전, 오프라 윈프리 쇼에 50대의 동안 어머니와 아들이 출연한 적이 있다. 어머니가 얼마나 동안이었던지 아들의 대학 룸메이트가 그녀를 보고 같은 대학생으로 착각할 정도였다고 한다. 그녀의 동안 비결은 바로 각종 영양제와 견과류를 매일 잊지 않고 섭취하는 것이었다.

「함익병 앤 에스더 클리닉」을 운영하고 있는 함익병 원장은 "피부가 좋으려면 속이 좋아야 한다. 잘 먹고 잘 자는 것이 가장 중요하다."고 영양소 섭취의 중요성을 강조한다. 그러나 식습관이 불규칙하고 바쁜 현대인이 음식으로 모든 영양소를 골고루 섭취하는 것은 사실상 불가능에 가깝다. 그렇기 때문에 반드시 비타민을 따로 챙겨 먹어야 하는 것이다.

나는 비타민 C를 하루 필요 섭취량보다 많이 섭취한다.

'메가도스'라고도 불리는 이 용법은 비타민을 약 6,000~10,000mg 정도 섭취하는 것이다. 나의 경우 아침, 점심, 저녁 때마다 티스푼으로 한 스푼씩, 하루에 총 세 스푼의 양을 물과 섞어 마신다. 나의 경우는 많은 양을 섭취하고 있지만, 일반인들은 적은 양부터 시작해 자신에게 맞는 양을 섭취하면 될 것이다.

비타민 C는 마음만 먹으면 꾸준히 오래 지속할 수 있는 건강관리 비법이다. 한 달에 드는 비용이 1~2만 원 밖에 되지 않으니 적은 비용으로 건강도 챙기고 피부미용과 노화방지에까지 효과를 볼 수 있어 일석이조 아닌가. 나는 비타민을 섭취한 후로 전보다 체력이며 피부 상태가 전반적으로 개선 된 것을 느꼈다.

확실히 피부 톤이 좀 더 환해졌고 매달 한 번 꼴로 걸렸던 감기도 이젠 거의 걸리지 않는다. 한 가지 안타까운 점은 비타민 섭취를 좀 더 일찍부터 시작했더라면 하는 것이다. 이미 노화된 피부를 돌리기는 쉽지 않으니 말이다. 하지만 이제부터라도 시작했으니 앞으로 차차 좋아지리라 기대한다. 지금은 나의 권유로 남편도 같이 영양제를 챙겨 먹고 있다.

외모를 가꿔야 하는 진짜 이유는 남편에게 여자로 보이기 위해서, 아이들이 자랑스러워할 만한 예쁜 엄마가 되기 위해서도 아니다. 바로 우리 스스로의 자존감을 위해서이다. 물론 예뻐지고 세련되진 내 모습을 보고 남편의 눈빛이 달라진다면 그것만큼 통쾌하고 기분 좋은 일도 없을 것이다. 여자는 평생 누군가에게 여성으로 보이고 싶어 하니까.

하지만 가장 근본적인 이유는 자기관리는 곧 스스로에 대한 존중이고 배려이기 때문이다. 그렇기에 애를 셋 낳은 아줌마가 되어도, 일흔의 할머니가 되어도 우리는 끊임없이, 죽을 때까지 가꿔야 한다.

내가 사는 동네 근처에는 시에서 운영하는 수영장이 하나 있다. 이 수영장은 언제나 할머니들로 북적인다. 노인복지회관이 바로 옆에 있기 때문이다. 할머니들만 있어서 분위기가 침체되어 있을 것 같지만 가서 보면 결코 그렇지 않다. 70, 80대의 연세에도 화사한 원피스에 뾰족구두, 새빨간 립스틱 등 얼마나 세련되게 멋을 내셨는지…. 또 얼마나 즐겁게들 사시는지…. 할머니들의 활기찬 모습을 보면 '언제나 청춘'이라는 말이 떠오른다. 70이 넘어도 여전히 거울 앞에서 화장을 고치고 옷매무새를 확인하는 모습이 정말 멋지지 않은가? 언제까지나 긴장을 잃지 않는 여자로 나이 들고 싶다는 생각이 든다.

끝으로, 직장 상사이자 나의 롤 모델이었던 여자 선배가 나에게 해주었던 충고를 들려주고 싶다.

"결혼한 후로는 나한테 투자하는 것이 아까워서 아무것도 안 했어. 그런데 40대 중반이 되니 내게 남은 것이 없더라. 피부도, 몸매도, 건강도… 죄다 형편없었어. 젊었을 때 열심히 가꿔야 해. 운동도 꾸준히 하고. 자기 관리를 게을리하지 마."

01 당신 마음의 주치의가 되라
02 여자의 매력을 한 단계 업그레이드 시키는 힘, 유머
03 감사하는 사람이 노력하는 사람을 이긴다
04 조금만 이기적으로 살면 인생이 즐거워진다
05 우리를 풍요롭게 하는 건 100만 원의 쇼핑이 아닌 1만 원의 나눔이다
06 영혼은 생각의 빛깔로 물든다

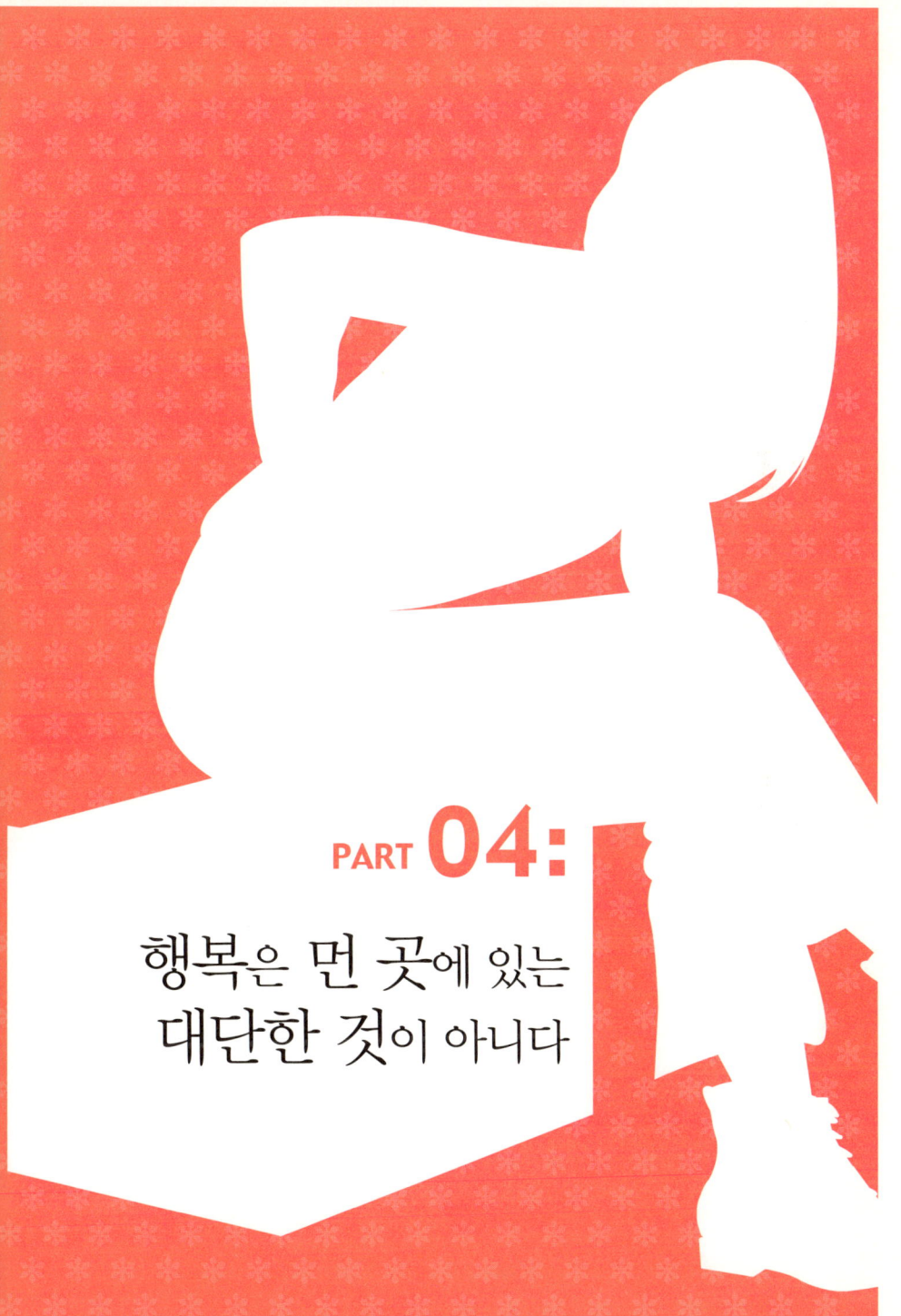

01 당신 마음의 주치의가 되라

　　　　　　　　모성에 대한 새로운 관점을 다뤄 방영되자
마자 대한민국 부모들 사이에 엄청난 화제를 몰고 온 EBS TV
다큐멘터리 「마더쇼크」. 방송에서는 과연 모성이란 것이 여자
라면 당연히 갖게 되는 본능인지를 묻는 동시에 모성에 대해
우리가 가지고 있던 기존의 사고방식을 뒤집고 있다.

　다큐멘터리에서는 아이를 낳는다고 해서 모든 엄마가 당연
히 모성을 갖게 되는 것은 아니며, 엄마 개인의 과거 경험이나
친부모와의 관계 등이 '트라우마(Trauma, 정신적 외상)', 혹은 내
면의 상처로 남아 있다면 올바른 모성이 성립되는 데 걸림돌이

된다고 주장한다. 따라서 가장 중요한 것은 엄마 자신의 내면의 상처를 치유하는 것이며, 상처를 극복하면 '행복한 엄마'가 되고, '행복한 엄마'는 '좋은 엄마'가 될 수 있다고 역설하고 있다.

다큐멘터리에서 실험 참가자로 나온 몇 명의 엄마들은 어릴 적 부모와의 관계에서 경험한 '트라우마'가 해결되지 않은 채, 그대로 마음속에 남아 있었다. 그럼에도 그녀들이 평범한 학창시절을 보내고 사회생활도 원만하게 할 수 있었던 이유는 '트라우마'가 밖으로 드러날 만한 이렇다 할 계기가 없었기 때문이다. 그런데 출산 후, 아이를 키우며 어린 시절과 비슷한 상황에 직면하게 되고, 육아 때문에 극도의 스트레스 상황에 처하면서 상처가 수면 밖으로 나오게 되었던 것이다.

아이와 스킨십을 하는 것에 거부감을 느끼거나, 우는 모습을 보면 화부터 나는 등 자녀에게 사랑을 주는데 어려움을 겪는 것도 이러한 요인들이 복합적으로 작용한 까닭이다. 방송에서는 이들의 내면을 바라보며 '자신 안에 숨어있는 상처받은 아이'를 다독이고 상처를 극복하게 되는 과정을 그렸다. 방송 후반, 이들은 전보다 훨씬 편안하고 행복한 엄마가 되었다.

사람들은 저마다 크든 작든 가슴에 한 두 가지씩은 상처를 품은 채 살아가고 있다. 상처 때문에 사람들은 콤플렉스를 갖게 되고, 대인관계에 어려움을 호소하기도 하며, 누군가를 사랑할 때 잘못된 방식으로 사랑을 표현하게 되기도 한다.

과거의 상처가 현재의 내 인생에 알게 모르게 영향을 주고, 그것이 때로는 나를 힘들게 만들 수 있다. 자녀와의 관계뿐만 아니라 남편과의 관계에서도, 사회생활을 하는 데 있어서도 마찬가지이다. 그렇기에 행복한 삶을 살기 위해서는 자신의 상처를 어루만지고 치유하려는 노력이 필요하다.

사람들은 상처가 된 나쁜 기억을 떠올리는 것에 거부감을 가지며, 그러한 기억을 회피하고 싶어 한다. 기억하고 싶지 않은 과거를 끄집어내는 것이 괴롭고 불편하기 때문이다. 그러나 전문가들은 회피하는 것은 상처의 극복에 그다지 도움이 되지 않는다고 말한다. 오히려 생각하지 않으려고 할수록 더욱더 마음속 깊이 각인된다는 것이다.

이러한 인간의 심리를 다룬 유명한 연구가 있다. 미 하버드대 대니얼 웨그너(Daniel Wegner)박사가 진행한 연구인데, 실험 내용은 간단하다. 먼저, 사람들을 두 그룹으로 나누어 한 쪽에게는 다른 것은 다 생각해도 되지만 절대 '하얀 곰'만큼은 생각해선 안 된다고 했다. 그리고 다른 한 쪽에는 다른 생각은 하지 말고 '하얀 곰'만 생각하라고 당부했다. 만약 그래도 '하얀 곰' 생각이 떠오른다면 그때마다 벨을 누르라고 했다. 이들에게는 5분의 시간이 주어졌다. 5분이 지난 후, 두 그룹 중 벨을 더 많이 누른 그룹은 어느 쪽일까? 바로 "'하얀 곰'만큼은 절대 생각하지 말라."는 지시를 받았던 그룹이다.

이렇게 그 문제에서 회피하면 회피할수록, 생각하지 않으려 하면 할수록 더욱 더 얽매이게 되는 현상을 '백곰 효과' 라고 한다.

정신과전문의 양창순 박사는 모 언론과의 인터뷰에서, "트라우마를 극복하려면 먼저 말로 표현할 수 있어야 한다. 경험에 대한 기억, 감정, 생각을 말로 표현해 마음속에 쌓인 것을 털어내는 것이다. 안 좋은 기억들이 꿈 등을 통해 계속 떠오르는 것은 뇌에서 어두운 기억에 빛을 쪼여 사라지게 해 달라는 신호이기 때문." 이라고 말하기도 했다.

이처럼 상처는 극복할 수 있다. 마음 깊은 곳에서 잠자고 있던 상처를 꺼내어 햇빛을 비추어 주고, 치유하고자 노력한다면 충분히 가능하다.

그럼 상처는 어떻게 치유할 수 있을까? 그 정도가 심하다면 전문가를 찾아야겠지만, 그렇지 않다면 스스로도 치유할 수 있다. 전문가들은 제3자 입장에 서서 스스로의 감정을 객관적으로 들여다보는 묻고 답하기, 마음속에 쌓여있던 감정과 기억들을 배출하는 글쓰기, 명상과 복식호흡 등을 권하고 있다.

특히 정신과 의사이자 국제공인 트라우마 치료가인 김준기 박사는 '내 안의 안전지대'를 만들라고 말한다. 과거의 경험 중 떠올리면 마음이 편안해지고 따뜻해지는 기억이 바로 '안전지대'라고 한다. 어떤 이에게는 엄마의 품일 수도 있고, 어떤 이에게는 남편과 함께 소파에 기대어 쉬고 있는 순간일 수도 있다. 어떤 이에게는 어린 시절 아버지의 무릎에 앉아 책을 읽던 순간일 수도 있다.

김 박사는 EBS TV 「부모」에서, 유년기에 약 10년간에 걸쳐 새엄마에게 학대와 폭력을 당했던 사람의 사례를 언급한 적이 있었는데, 이를 들어보면 '안전지대'가 한 사람의 인생에 얼마나 중요한 영향을 미치는지 그 중요성에 대해 깨닫게 된다.

유년시절, 새어머니로부터 약 10여 년간 학대를 당한 소년이 있었다. 소년은 새엄마에게 학대를 당할 때마다 근처에 사는 친 외할머니 집으로 도망치곤 했다. 할머니는 손자가 엉엉 울면서 찾아올 때마다 말없이 따뜻하게 품어주었고, 아궁이에서 익어가던 고구마를 한 개씩 꺼내주었다고 한다. 그에게는 그 순간만이 그의 유년시절 중 유일한 따뜻한 기억이었다.

자라면서 힘들고 죽고 싶은 생각이 들 때마다 그는 어렸을 때 할머니가 아궁이에서 고구마를 꺼내주던 기억을 떠올렸다고 한다. 그때만 생각하면 왠지 마음이 편안해졌다. 힘들 때는 하루에 10번 이상도 떠올리곤 했다. 그때의 기억이 바로 그만의 '안전지대'였던 것이다. 이것이 자신의 상처를 극복해내는 힘이 되었고, 그는 덕분에 바르게 성장하여 성공하게 되었다. 이처럼 안전지대의 존재는 마음속 상처를 중화시킬 수 있는 기본 바탕이 된다.

삶이 너무나 고단하고 힘들어 단 한 발짝도 걸음을 뗄 수 없을 것 같을 때, 혹은 절망의 나락으로 끝없이 떨어지고 있는 것 같을 때, 나만의 마음속 안전지대를 찾아보자. 어린 시절 외할머니의 품에서 호호 불어가며 먹던 고구마의 온기처럼 나를 위로해 줄 안전지대 말이다. 그리고 그 속에서 편히 쉬며 숨을 고르자.

결국 자신을 치유하는 원동력은 내면에 있다. 스스로를 가두고 있는 어두운 기억과 정면으로 마주할 용기를 가져 보는 것. 자신만의 안식처를 찾으려고 기억을 되돌려 보는 것. 그러한 일련의 시도만으로도 상처를 극복하는 데 큰 도움이 된다.

아담 J. 잭슨의 책 『플립사이드』에는 역경과 고난을 기회로 삼아 성공한 사람들의 이야기가 실려 있다. 그중 제럴드 K. 커피의 이야기를 소개하고자 한다. 그는 1966년 베트남 전쟁 당시 미 해군 대위로 복무했었다. 어느 날 그는 항공기를 타고 작전을 수행하던 중 격추당해 바다에 추락하고 만다. 간신히 목숨은 건졌지만 적에게 붙잡혀 포로수용소로 보내지고, 열악한 환경 속에서 온갖 고문을 당하며 지옥 같은 하루하루를 보내게 된다. 몇 년 후 전쟁이 끝나고 그는 무사히 석방되지만, 오랜 포로생활로 그의 몸과 마음은 상할 대로 상해있었다.

이쯤 되면 그때의 기억이 그에게 씻지 못할 트라우마로 남을 법도 하다. 하지만 그는 몇 년간의 고통스러운 경험에 결코 무릎을 꿇지 않았다. 자신의 포로수용소에서의 체험을 글로 썼으며, 이렇게 탄생한 그의 책 『생존을 넘어서』는 전쟁 기록문학 중 수작으로 꼽힌다.

굴욕과 고통에도 굴하지 않은 불굴의 정신과 용기는 수많은 사람들에게 깊은 감동을 주었다. 그는 미국에서 가장 활발히 활동하는 강연자 중 한 명으로 새로운 인생을 살고 있으며 포로수용소에서의 경험이 무엇과도 바꾸지 않을 소중한 자산이라고 말한다.

마음속 깊이 새겨진 상처를 피하고 외면할 것인가, 상처를 직시하고 자신만의 안전지대를 만들어 상처를 중화시키고자 노력할 것인가? 모든 것은 당신에게 달려 있다. 전문가를 찾아가던, 안전지대를 만들던, 상처와 마주하던 당신이 선택하는 것이다. 결국 나를 치유할 수 있는 것은 나 자신이다. 과거의 트라우마에서 벗어나고 싶은가? 그렇다면 용기를 내어 보자. 당신에게 밝은 미래가 기다리고 있을 것이다.

02 여자의 매력을 한 단계 업그레이드 시키는 힘, 유머

결혼은 '판단력' 부족, 이혼은 '인내력' 부족, 재혼은 '기억력' 부족이라는 말이 있다. 사람들은 사랑에 빠지면 물불을 가리지 않게 된다. 상대방의 모든 것이 사랑스럽고 둘이 함께 한다면 그 어떤 시련도 이겨낼 수 있을 것이라 믿는다.

두 사람의 사랑이 결실을 맺어 결혼에 골인하는 순간이야말로 인생 최고의 행복한 순간일 것이다. 그러나 결혼 후 콩깍지가 벗겨지면 이내 현실을 깨닫게 된다. 결혼생활이 생각만큼 환상적이지는 않다는 것, 배우자는 결코 완벽한 사람이 아니라는 것을 말이다.

하루에도 수 백 쌍의 커플들이 결혼을 하고 이혼을 하며, 재혼을 하기도 한다. 인생사 다 그렇지만 결혼과 이혼을 반복하는 과정 자체가 한편의 희극 같다는 생각이 든다. 설문 조사 등을 통해 나타나는 이혼의 주된 원인은 표면적으로는 외도, 폭력, 경제적 문제, 고부갈등 등이다. 하지만 자세히 살펴보면 갈등 이전에 근본적으로 부부간 '서로에 대한 배려'와 '대화'가 부족했다는 것을 알 수 있다. 자기 입장만 이기적으로 내세우기 급급하고 배우자와 제대로 된 대화를 하지 않으니 갈등이 생겼을 때 잘 풀어갈 수가 없는 것이다.

세상에서 가장 가까운 사이는 부부 사이며 가장 소중하게 여겨야 할 사람은 바로 자신의 남편, 자신의 아내이다. 하지만 너무 가깝기 때문에 오히려 배우자를 함부로 대하기도 한다. 너무 편해서 가식 없이 대하다 보니 서로에게 '편함'을 가장한 '막말'을 하기도 하고, 상대방을 배려해 주기보다는 자기 입장만 내세우기도 한다.

밖에서는 사람들한테 그렇게 깍듯하고 예의바를 수 없는데, 막상 집에서는 아내에게 "야", "너" 하며 함부로 대하는 남편들을 흔히 본다. 사회적인 관계에서는 상대방이 잘못해도 "괜찮다."며 넘어가지만, 집에 돌아와서는 아내가 조금만 잘못해도 짜증을 폭발한다. 회사 여직원들의 테이크아웃 커피는 들어 줄지 몰라도, 무거운 짐 좀 옮겨 달라는 아내의 부탁은 나 몰라라 하는 무심한 남편들도 있다.

사실 남편들이 일부러 그러는 것은 아닐 것이다. 오래 함께 하다 보니 서로에게 무뎌지기도 하고, 집에서만이라도 내 한 몸 편하게 쉬고 싶으니 아내의 부탁이고 뭐고 만사 다 귀찮은 것이리라.

결혼 10년 차 정도 되면 서로의 얼굴만 봐도 무슨 생각을 하고 있는지 보인다고 한다. 서로의 표정만 봐도 생각을 알 수 있다니, 10년 세월이 주는 내공이 보통이 아니구나 싶다. 그러나 그렇게 되기까지 얼마나 많은 다툼과 화해를 반복했을까. 부부 싸움은 칼로 물 베기라고 한다. 하지만 아무리 칼로 물 베기라 해도 수없이 많이 다투는 과정에서 서로에게 앙금이 전혀 쌓이지 않는다고 한다면 그것은 거짓말일 것이다.

부부가 함께 살아가다 보면 상처를 주게 될 수도 있고, 서로 간에 원망이 쌓이기도 하고, 갈등과 반목을 겪기도 한다. 나쁜 감정을 털어버리고 관계를 회복하려면 무엇보다도 대화의 기술이 필요하다. 그리고 대화를 좀 더 잘 이끌어갈 수 있도록 도와주는 것은 바로 '유머'이다.

'유머'는 사람과 사람 사이를 부드럽고 매끄럽게 해주는 윤

활유 같은 존재이다. 각박하고 치열한 우리 삶에 한 템포 쉬어 갈 수 있는 여유를 선사하고, 같은 일이라도 다르게 바라볼 수 있게 해준다. 유연하고 창의적인 사고에 도움이 되는 것이다.

냉랭한 기운이 감돌 때 누군가의 센스 있는 유머 한 마디에 분위기가 확 달라지던 경험은 다들 있을 것이다. 대화를 할 때도 단도직입적으로 말하는 것보다 유머를 섞어 이야기할 때 더욱 효과적으로 자신의 의도를 전달할 수 있다.

또 자주 웃다 보면 실제로 삶이 즐거워진다. 비록 현실이 시궁창이더라도 말이다. 행복해서 웃는 게 아니라 웃으면 행복해진다는 말은 사실이다. 근육처럼 꾸준히 유머감각을 키워 사람들에게 웃음을 주다 보면 어느 자리에서나 환영받는 유쾌한 사람이 된다.

웃음은 건강에도 좋다. 미 캘리포니아 주 로마린다 의과 대학의 리 버크(Lee Burke)와 스탠리 탠(Stanley Tan) 교수는 한바탕 웃고 난 사람들의 체내에서 '인터페론 감마 호르몬'이 2백 배 이상 증가되는 것을 발견했다. '감마 인터페론'은 면역체계를 작동시켜 T세포를 활성화시키는 물질이다. 또한 '엔도르핀'의 양도 순식간에 많아짐을 확인했다. '엔도르핀'은 백혈구와 면역 글로블린을 생성하는 B세포를 활발하게 만드는 물질이다. 이 '엔도르핀'이 많으면 외부로부터 침입하는 세균을 마치 철옹성처럼 막아낼 수 있다.

　서울 성모병원 정신건강의학과 채정호 교수는 "웃음은 불안과 스트레스를 감소시켜 주는 정신건강적 측면은 물론 근육, 혈액, 장기 등 신체의 각 기관에 직접적으로 영향을 미치며 엔돌핀 등 호르몬의 분비를 통해 우리의 신체를 튼튼하게 해준다."고 말한다.

　건강에 유익할 뿐만 아니라 유머는 사람들의 인생을 변화시키기도 한다. 유머를 통해 인생역전을 하게 된 사람들도 있다. 「유머발전소」의 최규상 소장, 황희진 부소장 부부가 바로 그 주인공이다. 이들의 직업은 '유머 코치' 유머 코치 경력 10년을 자랑하는 이들도 원래는 유머와는 거리가 먼 평범한 부부였다.

　10여 년 전 어느 날, 최소장이 보증을 잘못 서는 바람에 그만 전 재산을 날릴 위기에 처하게 되었다. 자연히 부부 사이에도 위기가 왔다. 당시 최 소장은 스트레스로 인해 온몸이 바늘에 찔리는 듯한 통증에 시달렸다. 고통이 너무 심해 밤에 잠을 잘 수 없을 정도였다.

　그러던 어느 날, 웃는 순간만큼은 몸이 아프지 않다는 사실을 우연히 발견하게 된다. 살기 위해서 웃어야만 했던 그는 매일 밤 집 근처인 잠실 석촌 호수를 찾아 미친 사람처럼 30분 넘게 박장대소했다. 처음엔 주변 식당들의 항의도 받았고, 사람들로부터 미친 사람 취급을 받기도 했지만, 죽느냐 사느냐의 문제가 걸린 마당에 남의 생각을 할 틈이 없었다.

그렇게 매일 밤 웃는 언젠가부터 사람들이 그에게 호기심을 보이며 다가오기 시작했다고 한다. "뭐가 그렇게 재밌어서 매일 밤마다 웃냐, 같이 좀 웃자." 그렇게 「노천광장 웃음클럽」은 탄생했고, 그는 매일 밤 1시간씩 7년 동안 호숫가에 산책 나온 사람들을 웃겼다. 웃음으로 건강도 되찾고, 새로운 인생을 시작하게 된 것이다.

그는 모 언론과의 인터뷰에서 "유머를 통해 고통의 웅덩이에서 빠져나올 수 있었다. 웃음을 잃지 않는 한 삶의 희망은 있고, 결국 기사회생하게 되어있다."고 말한다. 그는 최고 고수의 웃음은 '그럼에도 불구하고' 웃을 수 있을 때라고 말한다. 몇 년 전부터 꾸준히 매일 아침 아내에게 줄 유머쪽지를 쓰는 그는 진정 웃음의 가치를 아는 사람이다.

기업에서도 웃음과 업무 성과와의 관계에 주목하고 있다. 최근에는 여러 기업들이 'Fun 경영'의 도입으로 조직의 분위기를 활기차게 하는 한편, 생산성을 향상시키고 있다. 미국의 사우스웨스트 항공은 유머경영으로 유명하다. 그들의 캐치프레이즈는 "Time flies when your having fun!"(웃다 보면 비행기는 목적지에 도착합니다!)이다.

"담배를 피우고 싶은 고객은 미리 말씀해주시고 밖으로 나가 날개 위에서 피우시기 바랍니다. 담배를 피우시며 감상하실 영화는 「바람과 함께 사라지다」입니다." 하고 유머러스한 금연방송이 나온다.

또한 승무원들은 기내 짐칸에 숨어 있다가 승객들이 타면 '짠'하고 천장에서 내려오기도 한다. 기장이 마이크를 잡고 승객들에게 노래를 선사하기도 하며, 승무원을 부르면 뒤에서 두 손으로 눈을 가리고 "누구게요?" 하고 장난을 친다.

고객센터의 통화량이 많을 때는 "30초 이상 연결되지 못한 고객께서는 8번을 눌러주십시오. 빨리 연결되는 것은 아니지만 적어도 기분은 좋아집니다." 하는 안내멘트가 나온다. 이렇게 유머러스하면서도 센스 넘치는 고객응대에 화를 낼 수 있는 고객은 많지 않을 것이다. 이 회사는 지난 30년간 지속적으로 흑자를 기록하며 승승장구하고 있다.

센스 있는 유머는 직장생활에도 도움이 된다. 경직된 분위기에서 적당한 때 적절한 유머를 구사해 분위기를 전환시킬 수 있는 능력은 플러스 요인이 되기 때문이다.

대기업 채용담당자들을 대상으로 한 설문조사에서는 "같은 조건이라면 '유머감각'이 있는 사람을 신입직원으로 뽑겠다."는 의견이 대부분을 차지하기도 했다. 요즘에는 글로벌 리더의

조건으로 새롭게 '유머감각'이 각광받고 있기도 하다. 처세 전문가이자 작가인 데일 카네기(Dale Breckenridge Carnegie)는 『웃음예찬』에서,

"웃음은 별로 소비되는 것은 없으나 건설하는 것은 많으며, 주는 사람에게는 해롭지 않으나 받는 사람에게는 넘치고, 짧은 인생으로부터 생겨나서 그 기억은 길이 남으며, 웃음이 없이 참으로 부자가 된 사람도 없고, 웃음을 가지고 정말 가난한 사람도 없다.

웃음은 가정에 행복을 더하며, 사업에 활력을 불어넣어 주며, 친구사이를 더욱 가깝게 하고, 피곤한 자에게 휴식이 되며, 실망한 자에게는 소망이 되고, 우는 자에게 위로가 되고, 인간의 모든 독을 제거하는 해독제이다. 그런데 웃음은 살 수도 빌릴 수도 없고, 도둑질 할 수도 없는 것이다."

라고 말했다. 짜증나는 일이 많을수록, 마음이 급할수록 유머를 적극적으로 찾아 한바탕 웃어보는 건 어떨까? 남편과 대화를 시도할 때, "이야기 좀 하자."며 심각하게 분위기를 잡기보다는 가벼운 농담으로 시작해 보자. 좀 더 화기애애한 분위기에서 이야기를 나눌 수 있을 것이다.

다른 사람들이 나에게 상냥하게 대해주기를 기다리지 말고 나부터 먼저 그들에게 웃음을 주도록 시도해 보자. 그들의 태도가 바뀌지 않는다고 해도 손해 볼 것은 없다. 최소한 나라도 기분이 좋아진다면 그것으로 충분하다. 남편과 재미있는 농담을 하며 같이 웃다보면, 권태도, 짜증도 조금은 잊을 수 있을 것이다. 사실 '행복한 부부'라는 건 대단한 것이 아니다. 일상에서 같이 웃음을 나눌 수 있다면 그것이 진정 행복한 부부 아니겠는가.

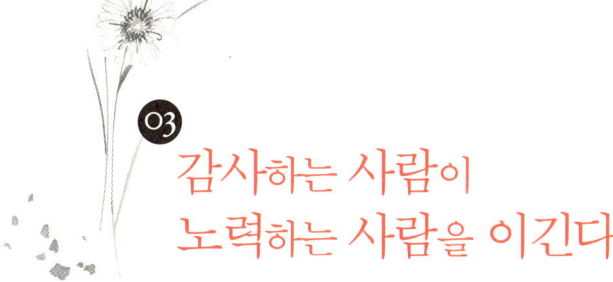

03 감사하는 사람이 노력하는 사람을 이긴다

　　　　　　　　　　어느 날 갑자기 당신이 암 선고를 받았다고 가정해 보자. 당신은 이를 어떻게 받아들일 것인가? 사실 사람들은 이런 상상조차 하고 싶어 하지 않는다. 암은 그만큼 무섭고 두려운 질병이기 때문이다.

　자신이 암에 걸렸다는 선고를 받고도 충격을 받지 않을 사람은 없다. 암 선고를 받은 사람치고 실의에 빠지지 않을 사람은 없을 것이다. 지금껏 착하게 열심히 살아온 죄밖에 없는데 왜 자신에게만 이런 시련이 오는 거냐고 하늘을 원망하고 절망감에 빠져 오열할 것이다. 그리고는 기나긴 투병기간 동안 고통스럽고 힘겨운 나날을 보낼 것이다.

　무서운 질병, 피하고만 싶은 질병 암. 그런 암 때문에 행복을 얻게 되었다고 말하는 사람이 있다면 믿어지는가. 암으로 인해 행복을 깨닫게 되었다는 사람이 있다. 바로《나는 암이 고맙다』의 저자 홍헌표 씨다.

　40대 중반의 가장이자 언론인으로 성실하게 살아온 그는 어느 날 자신이 대장암 3기라는 청천벽력 같은 소식을 듣게 된다. 그 역시 처음에는 다른 이들처럼 자신이 암에 걸렸다는 사실에 절망했다. 그는 다른 암환자들처럼 정신없이 수술을 받고 항암치료를 진행했다. 그러던 어느 날 그는 돌연 치료를 포기한다. 암을 극복하려면 면역력을 높이는 것이 더 중요하다고 생각했기 때문이다.

　그 후 그는 채식 위주의 건강한 식습관과 운동으로 면역력을 높이기 위해 노력한다. 때때로 암과의 힘겨운 싸움에 지칠 때도 있었지만, 그럴 때마다 긍정적인 생각을 하며 스스로를 다잡았다. 그렇게 암과의 싸움을 시작한 지 수년 후, 그는 결국 암을 극복해낸다.

　그는 자신의 암 투병기를 담은 『나는 암이 고맙다』에서, "허둥지둥 수술을 받고 항암 치료에 몸을 맡겼을 때만 해도 머릿속에선 고통, 죽음이라는 어두운 단어가 떠나질 않았다. 하지만 암은 앞만 보고 달려온 나 자신을 추스르고 쉴 시간을 갖게 해줬다. 인생 후반전을 앞둔 내게 삶이 얼마나 아름답고 소중한 것인가를 깨닫는 계기를 만들어줬다."라며 암 덕분에 오히려 행복을 얻었다는 고백을 한다.

그는 또한 "역설적으로 암은 가족 간의 사랑을 더욱 돈독하게 하고 삶을 더욱 풍요롭게 만들 수 있다. 암을 통해 환자든 가족이든 각자의 지나온 삶을 돌아보고, 서로에게 준 크고 작은 마음의 상처를 보듬어주고 이해하려고 마음먹는 순간, 암은 고마운 존재가 된다."라고 말하기도 한다.

죽음의 문턱에서도 암을 통해 삶을 사랑하고 감사와 행복을 말하게 되었다는 그의 모습은 사람들에게 진한 감동을 준다. 그는 요즘 암 환우들에게 희망을 주는 강사로도 활동하고 있다.

몇 년 전부터 「감사 나눔 운동」이 기업과 공공기관에서 확산되고 있다. 이 운동을 가장 먼저 도입한 기업은 포스코 ICT이다. 이 회사는 2010년부터 '감사경영'을 도입해 매일 직원들에게 감사 일기를 쓰도록 했다. 그런데 감사 일기를 쓰는 것만으로도 직장 내 분위기가 좋아지고, 직원들의 사기가 충전되었다고 한다. 이는 가시적인 성과로도 이어졌는데, 실제로 회사의 설비 고장률이 절반으로 줄었다(2010년 0.23% → 2012년 0.13%).

이러한 성과에 힘입어 「감사 나눔 운동」은 포스코 전 계열사로 확대되었다. 최근에는 회사에서 자체적으로 앱을 개발하여 직원들로 하여금 휴대폰에 그날 감사했던 일들을 적도록 하는 등 여러 가지 방법을 도입하고 있다.

최근에는 포스코뿐만 아니라 타 기업에도 감사 경영을 벤치마킹 하고 있다. '감사경영' 덕분에 업무성과가 올라갔다는 소식을 접한 일본의 도요타 자동차에서는 노하우를 가르쳐달라며 강사를 요청했다. 포항시도 포스코 사례를 본보기로 삼아 '감사 나눔 운동'을 전개하고 있다.

「행복 나눔 125」운동의 창시자 손욱 전 농심그룹 회장은 "1은 일주일에 한가지씩 좋은 일 하기, 2는 한 달에 두 권씩 책 읽기, 5는 하루에 다섯 가지 감사 쓰기이다. 이를 실천하면 성공적이고 행복한 삶을 살게 된다."라고 말한다. 자신의 인생에 100% 만족하고 사는 사람이 몇 명이나 될까? 세계 최고 갑부 빌 게이츠라 할지라도 매 순간 항상 만족하며 살 수는 없을 것이다. 세상에 완벽한 사람은 없으며 완벽하게 행복한 인생도 없다.

TV에 종종 유명인의 자살 소식이 들린다. 참으로 안타까운 일이 아닐 수 없다. 사람들은 부와 성공을 거머쥔 그들이 왜 그런 선택을 했는지 이해하지 못하지만, 모두가 부러워하는 성공한 인생이라도 나름의 고충이 있을 것이리라.

감사하는 삶이 얼마나 좋은 것인지 모르는 사람은 없을 것이다. 하지만 우리는 말로는 '감사하고 살아야지' 하고 되뇌면서도 정작 감사보다는 불만이 더 많은 삶을 살고 있다. 혹시 "감사할 거리가 있어야 감사를 하지!" 하고 투덜거리고 있지는 않은가?

잘 생각해 보자. 감사할 거리가 왜 없는가? 튼튼한 두 다리와 팔이 있고, 좁은 집이라도 내 한 몸 누워 쉴 곳이 있으며, 가족과 친구도 있다. 당장 밖에 나가면 산뜻한 공기와 초록의 나무들이 싱그러움을 전해주고, 길가에 핀 꽃들로 아름다움을 느낄 수도 있다. 마음만 먹는다면 자판기 커피 한잔에도 한없이 감사할 수 있는 것이 인간이다.

"고맙습니다."를 반복 하다 보면 나를 괴롭혀 오던 고민들은 어느새 뒷전으로 물러난다. 그리고 정말 즐겁고 기쁜 일들이 생긴다. 그러다 보면 소망하던 일들이 이루어진다.

여기 물이 든 두 개의 컵이 있다. 한쪽 컵에는 "감사합니다."라고 진심을 다해 속삭이고, 다른 컵에는 "미워! 싫어!"라고 말한다고 치자. 그리고 두 컵의 물을 각각 떠서 그 결정을 현미경으로 관찰하면 실로 놀라운 사실을 발견하게 된다.

"감사합니다."라고 말한 물의 결정은 마치 꽃송이나 보석같이 아름다운 모양을 빚어내고 있는 반면 "미워! 싫어!"라고 말했던 물의 결정은 흉한 모양으로 찌그러져 있다. 놀랍지 않은가? 하다못해 물도 사람의 말에 반응한다.

이 실험은 일본의 물 연구가인 에모토 마사루가 실제로 했던 연구의 일부분이다. 그는 약 10년에 걸쳐 물이 사람의 말과 사진에 반응하는 것을 찍었는데, 방대한 양의 사진으로 그 기록을 남겼다.

사람의 몸은 약 70%가 수분으로 이루어져 있다고 한다. 몸의 대부분이 물로 이루어져 있는 것이다. 그런데 매일 불평불만만 늘어놓는다면, 내 몸에 직접적으로 어떤 영향이 갈지 상상이 가지 않는가? 반대로 감사와 사랑을 이야기한다면, 암도 고칠 정도의 엄청난 위력을 발휘하게 될 것이다.

사람이 하는 말은 당사자뿐만 아니라 그 주위 사람들에게도 영향을 준다. 사람은 무의식적으로 긍정적인 사람에게 끌리게 되어있다. 마치 꽃에 벌과 나비가 모여들 듯 말이다. 긍정적이고 밝은 사람의 곁에는 항상 사람이 북적이고, 불평불만을 이야기 하는 사람의 주변에 는 사람이 없다. 이는 한 사람의 의식과 말이 주위사람에게도 전염된다는 것을 무의식중에 느끼고 있기 때문이다.

감사의 힘에 대해 일찍부터 주목한 학자들은 다양한 연구를 통해 그 신비를 밝히고자 시도하고 있다. 심리학자 로버트 에

먼스와 마이클 맥컬로는 하루에 단 1분이라도 '고맙습니다.' 라고 말하는 습관이 한 사람의 삶에 엄청난 영향을 끼친다는 사실을 발견했다. 감사하던 사람은 삶에 대해 보다 긍정적이고, 활력이 넘치며 건강했다.

또한 오스트리아의 청소년들을 15년간 추적, 조사한 결과 매사에 긍정적인 청소년들이 그렇지 않은 청소년들보다 취업과 고수입 면에서 보다 나은 조건의 삶을 누리며 살더라는 연구결과도 있다.

캘리포니아대학교의 류보머스키 교수는 "행복의 50%는 유전, 10%는 환경의 영향을 받지만 나머지 40%는 '연습'에 의해 만들어진다"고 말한다. 운동을 전혀 안 하던 사람이 운동을 처음 시작할 때는, 조금만 해도 숨이 차고 온몸의 근육이 욱신거린다. 하지만 운동을 계속 하다 보면 점차 쉬워지고 근육도 발달한다.

감사도 마찬가지로 연습이 필요하다. 처음에는 누구나 '내가 왜 이런 짓까지 해야 하나.' 하는 생각이 들 수도 있다. 또한 이렇게까지 감사할 것들을 찾아야 할 필요가 있을까 싶을 수도 있다. 하지만 계속해서 감사를 생활화 하다보면 점차 자신이 누리고 있는 것들이 생각보다 많다는 것을 깨닫게 되고, 자신이 정말 행복한 사람이라는 것을 알게 된다. 그렇게 지속하다 보면 감사는 곧 일상이 된다.

　절망적인 상황에서도 감사를 찾는 것. 세상에 나보다 더 불행한 사람이 있을까 싶을 때에도 감사할 거리를 찾아 감사하는 것. 그것이 바로 행복한 삶을 살 수 있는 비결이다.

　운을 부를 수 있는 마법의 말인 "고맙습니다."와 "감사합니다."를 오늘부터 반복해 보면 어떨까? 나쁜 일이 생겼을 때, 오늘 참 재수 없다고 느낄 때 "고맙습니다."라고 말하고, 이루고 싶은 소망이 있을 때 "감사합니다."하고 말하는 것이다. 당신이 감사와 행복을 더욱 많이 말할수록 당신의 가족들은 물론 주위 사람들까지 행복하게 만들 수 있다.

　어쨌든 감사하는 태도는 손해 볼 것이 없는 장사다. 이제부터 한번 시도해 보자. 꾸준히 지속한다면 어느새 당신의 인생과 삶은 엄청나게 변화할 것이다.

04 조금만 이기적으로 살면 인생이 즐거워진다

대인관계에서 이따금 씩 기운이 빠질 때가 있다. 나는 상대방에게 간도 쓸게도 다 빼줄 듯 잘해주었는데, 상대방으로부터 그만큼의 보답이 돌아오기는커녕, 도리어 좋지 않은 결과가 발생했을 때가 특히 그렇다.

예를 들어보자. 내게는 참으로 착한 친구 J가 있다. 순둥이인 그녀는 결혼 생활 10년 동안 시댁 일이라면 열일제쳐놓고 달려가고는 했다. 헌신적이고 시부모에게 잘하는 것으로 둘째가라면 서러울 그녀였지만, 정작 시부모님 사랑은 시댁에 코빼기도 비치지 않는 여우 같은 동서의 차지였다. J는 자신보다 형편이 나은 동서네가 시부모님께 용돈을 더 많이 드려 그런 것 아니 겠느냐며 시댁에 잘해 봤자 부질없다고 내게 푸념을 했다.

한때 나의 회사 상사였던 K과장은 중2병에 걸린 아들이 큰 골칫덩어리이다. 그녀는 고생 고생해가며 아이들을 키워왔다. 그런데, 아이들이 사춘기에 접어들면서 엄마 말을 안 듣기 시작하더니, 이제는 대놓고 반항을 하더란다. 아이들에게 잔소리 끝에 "내가 너희들을 어떻게 키웠는데."하고 서러운 심정을 토로하기라도 하면, 아이들은 오히려 "언제 엄마한테 엄마 인생 희생해 가면서 우리 키워달라고 한 적 있느냐"고 따져 묻는다고 한다. 그런 말들을 들을 때마다 그녀는 지금껏 자식들을 위해 해온 희생과 헌신이 다 소용없다는 생각이 든다며 한숨을 쉬었다.

살다 보면 누구나 위의 그녀들 같은 상황에 처할 수 있다. 그녀들과 비슷한 상황에 처한다면 누구나 서운함을 느낄 것이다. 그리고 이렇게 외칠지도 모른다. "내가 지금까지 너희들한테 어떻게 했는데!"

지금에서야 고백하지만, 나에게는 고질적인 병이 있다. 바로 '착함 병'이다. 때문에 사람들이 부탁하면 거절하지 못하고, 내 시간과 비용을 손해 봐가면서도 주위 사람들에게 질질 끌려다니고는 했다. 한때는 내 마음이 여리고 착해서 그런 것이라고 생각했지만, 이제는 알 것 같다. 나의 '착한 사람 콤플렉스'는 정말 착함이 아닌, 사람들에게 착한 사람으로 인정받고, 사랑받고 싶은 나의 욕심이었던 것이다.

그래서 사람들에게 맞춰주면 사람들이 나를 좋은 사람, 괜찮은 사람으로 봐주리라 생각했다. 대화를 나눌 때면 내 생각과 달라도 그들의 생각에 맞장구를 쳐주었고, 이것저것 챙겨주며 호의를 베풀었으며, 듣기 좋은 말로 상대방을 자주 칭찬해 주었다. 남들의 부탁이라면 당장 해야 할 일이 있어도 남들 부탁부터 들어주고는 했다. 한마디로 물렁한 호구가 아니었나 싶다.

그런데 아무리 노력해도 이런 것들로 사람들의 인정은 받을 수 없었다. 호의를 베푼다고 해서 모든 사람이 나를 좋아하는 것도 아니었다. 오히려 남들에게 인정받고 주목받는 사람들은 나와는 다른 타입의 사람들이었다. 그들은 남의 시선 따위는 개의치 않았으며 언제나 자신감에 넘쳤고, 활기찼으며, 목표를 정하고 이를 이루고자 노력하는 엄청난 추진력과 열정을 가지고 있었다. 남들이 자신을 좋아하는지 여부는 그들에게 중요한 문제가 아니었다. 그들은 남들 시선 따위는 개의치 않고 당당하게 행동했다.

사람들은 그런 사람을 주목했다. 그리고 마치 환한 빛 가까이에 나방들이 모이듯 사람들은 그런 사람 주위로 모여들었다. 남들 위주로 살았던 나는 정작 주목을 받지 못했는데, 자신을 위해 사는 사람이 남들의 주목을 받다니, 아이러니하지 않은가?

나는 그때서야 깨달았다. 남들을 의식하지 말고 자신이 원하는 것에 집중하며 살아야 한다는 것을. 그리고 남들이 인정해주건 안 해주건 의식하지 않고 스스로 빛나는 사람만큼 멋지고 매력적인 사람은 없다는 것을.

우리 자신에게 한번 물어보자. 혹시 타인이나 가족을 의식하며 살고 있지는 않은가? 자신의 인생임에도 불구하고 중요한 일을 결정할 때 주위 사람들의 눈치를 보며 결정을 내리지 못한 채 우유부단하게 끌려 다녔던 적은 없는가? 직장 상사 혹은 시부모님의 말씀이 내키지 않았지만 거절했다가 나쁜 인상을 줄까봐 억지로 응했던 적이 있지는 않은가?

남의 마음에 들기 위한 행동을 한다면 칭찬을 받을 수는 있을 것이다. 그들이 정해놓은 기대치에 부응하기 때문이다. 하지만 그때뿐이다. 그렇게 남들 뜻대로 살다 보면 자신의 인생을 스스로 선택할 기회나, 자기 뜻대로 살 기회는 점점 줄어들고 만다. 그렇게 내 안의 '나'는 점점 설 자리를 잃어 간다. 게다가 호의를 받은 사람들은 내가 양보하는 것이 당연하다고 생각하게 된다. 나의 희생과 배려가 당연한 것이 되는 것이다.

모두에게 인정받겠다, 모두에게 좋은 사람으로 보이고 싶다는 것은 그저 불가능한 욕심일 뿐이다. 욕심을 내려놓을 때 비로소 사람은 진정 자유로워진다.

다양한 사람들과 어우러져 살아가는 세상이기 때문에, 어느 정도의 양보와 희생도 필요하다. 그러나 그 정도가 심해져 자신이 많은 부분 희생을 해야 하거나 타인의 뜻대로 끌려 다닐 정도가 된다면, 그래서 스트레스를 받게 된다면 그런 삶의 방식은 분명 문제가 있다.

'이기적으로 살라'는 말은 곧 '나를 우선순위에 두자'는 뜻이다. 먼저 자신을 사랑하고 자신의 내면의 목소리에 귀를 기울이라는 뜻이다. 자기 자신만큼 자신을 사랑해 줄 사람은 세상 어디에도 없다.

아내는 살림과 내조, 육아, 며느리 역할을 위해서 무조건적인 희생만 베풀어야 하는 사람이 아니다. 가정을 이루는 동등한 구성원으로서 가족과 함께 자신의 삶을 영위해가는 존재다.

아이들이 인생의 목표이자 전부가 되어서도 안 되며 며느리이기 때문에 무조건 어른 말씀에 복종하고 희생해서도 안 된다. 희생을 한다고 해서 남들을 행복하게 해줄 수 있는 것도 아니다. 자신을 행복하게 만들 수 있는 것은 결국 자기 자신뿐이기 때문이다. 사람은 스스로에 의해서만 행복해 질 수 있다.

자기감정에 솔직해져야 한다. 그 누구의 눈치도 보지 말아야 한다. 남의 부탁을 들어주지 않는다고 해서 나쁜 사람으로 보일까 전전긍긍하던 습성을 벗어던져야 한다. 내 감정이, 내 마음이 어떤지 솔직하게 들여다보고 내 목소리에 따르는 것이야말로 진정한 자기 사랑의 출발점이다.

세계적인 심리학자이자 베스트셀러 작가인 웨인 다이어 박사는 그의 책 『행복한 이기주의자』에서 자기 사랑에 대해 다음과 같이 말하고 있다.

"자신을 사랑하는 일을 잘하게 되면 어느새 다른 사람들을 사랑할 줄 알게 된다. 나 자신을 위해 사랑을 베풀고 배려하면서 다른 사람들을 위해서도 넉넉해질 줄 알게 된다. 그렇다면 이제 사랑을 베푸는 행위는 결코 '손바닥으로 하늘을 가리는' 식이 아니다. 우리가 그런 일을 하는 이유는 고마워서나 보상을 바라서가 아니라 도와주는 사람이나 사랑하는 사람으로서 즐거움을 느끼기 때문이다. (중략) 사랑하는 일, 그리고 사랑을 주고받는 모든 일은 사랑을 듬뿍 받는 자아와 함께 출발한다."

아내들이여, '따뜻한 이기주의자'가 되자. 여기서 말하는 '이기주의자'라는 말이 남들에게 피해를 주며 자기 이익만 챙기는 얌체 같은 사람을 의미하는 것이 아니라는 것을 잘 알고 있을 것이다. '따뜻한 이기주의자'는 타인보다 자기 내면의 욕구에 충실하게 사는 사람이다.

 남의 시선을 의식하며 가식적으로 살아가지 않고, 자신의 행복을 타인을 통해 기대하지 않고 홀로 설줄 아는 사람이다. 타인의 사랑과 관심이 있어야만 행복해지는 사람이 아닌, 스스로 행복을 찾아 나설 줄 아는 사람이 되길, 그리하여 진정한 삶의 의미를 찾기를 희망한다.

05 우리를 풍요롭게 하는 건 100만 원의 쇼핑이 아닌 1만 원의 나눔이다

"인간은 자기밖에 모르는 이기적인 만족을 뛰어넘는, 어떤 대의명분에 헌신했을 때 가장 행복해하고 가장 성공했다고 느낀다."

미국의 작가인 벤자민 스폭(Benjamin Spock)의 말이다. 인간은 욕망의 동물이다. 그리고 욕망의 동물답게 누구나 성공과 행복을 목표로 하고 산다. 그중 운 좋은 소수는 부단한 노력으로 마침내 성공의 자리에 오르기도 한다.

재미있는 사실은 죽어라 노력해서 마침내 성공을 거머쥐었다고 해도, 반드시 행복한 것은 아니라는 점이다. 정작 정상의 자리에 올라서서 성취감을 느끼는 것도 잠시. 언제 자리에서 물러나게 될지 모른다는 불안감에 시달리거나, 목표가 사라져 버렸다는 공허함이 밀려들기도 한다. 그토록 열망하던 성공과 부를 손에 넣는다 하더라도 그것이 곧 행복과 직결되지는 않는다.

그렇다면 어떤 것에 의미를 두어야 보다 행복한 삶을 살 수 있을까? 개인적인 욕심을 위한 삶보다는 타인을 돕는 삶을 살 때 비로소 우리의 삶은 의미를 갖게 된다. 이것이 타인에게도 관심을 갖고 그들을 도우며 살아야 하는 이유다.

오늘 하루도 어떻게 지나갔는지 모를 정도로 바쁘게 살아가는 현대인들. 내 가정, 내 아이들, 부모님과 지인들 신경 쓰는 것만으로도 벅차다. 그런데 그렇게 자신과 가족, 주변 사람에게만 신경 쓰며 살다 보면 점차 타인에게 무신경해지고 무덤덤해지게 된다. 자신이 쳐 놓은 울타리 안에서만 살게 되는 것이다.

TV에 종종 추운 겨울 쪽방에서 지내는 독거노인의 이야기나 어려운 형편에 부모 없이 살아가는 남매의 이야기 등 어려운 이웃의 사연이 소개된다. 그러나 TV로 그들의 사연을 접해도 그때뿐이다. 잠시 안타까워하는 데 그칠 뿐, 적극적인 도움으로 이어지는 경우는 드물다. 마음이 아파도 행동으로 옮길 만큼의 관심은 없다.

나와 내 가정을 위해서만 사는 삶은 일차원적인 삶이다. 보다 고차원적인 삶, 정신적으로도 풍요롭고 가치 있는 삶을 살기 위해서는 타인에게로 시선을 돌려야 한다. '나 하나 돕는다고 해서 뭐가 달라지겠어?' 하고 의문을 품은 이들이 있다면 실화를 바탕으로 제작된 태국의 한 이동통신 광고를 소개하고 싶다.

시장의 어느 상점에서 한 아이가 물건을 훔치다 잡혔다. 아이가 훔친 것은 물약 한 병과 주전부리 몇 가지였다. 엄마가 아프신데 돈이 없어 훔쳤다며 잘못했다고 빌고 또 비는 아이에게 용서는 없었다. 매정한 주인은 아이를 경찰에 넘기려고 했다. 이를 지켜보던 시장 통국밥 가게 주인은 아이가 훔친 물건값을 대신 물어주고 아이의 손에 포장한 국밥 한 그릇을 들려주었다. 수십 년이 지나고, 세월이 흘러 노쇠해진 국밥집 주인은 어느 날 일을 하다 쓰러져 병원에 실려 가게 되었다. 병원에서는 당장 수술이 필요한 중병이라고 했다.

어려운 형편에 수술은 꿈도 꿀 수 없었던 그의 딸은 아버지를 간호하며 걱정과 눈물로 한숨을 쉰다. 그러던 어느 날 병원의 한 의사가 아버지의 수술을 해 주었다. 그리고 그에 따른 모든 비용을 무료로 해주었다. 깜짝 놀란 그녀에게 의사는 말했다.

"당신 아버지의 수술비와 입원비는 수십 년 전에, 물약 한 병과 국밥 한 그릇으로 이미 지불 되었습니다."

몇 십 년 전의 아이가 자라 의사가 되었고, 과거의 빚을 갚은 것이다. 만약 그때 아이가 경찰에 넘겨졌다면 아이의 운명은 어떻게 되었을까? 아마도 소년원에 보내졌을 것이다. 그리고 세상에 대한 원망과 적의를 가득 품은 진짜 범죄자가 되었을지도 모른다. 국밥집 주인이 베풀었던 단 한 번의 작은 선의가 소년을 사람을 살리는 의사로 만들었던 것이다. 고작 물약 한 병과 국밥 한 그릇이 사람의 인생을 송두리째 바꿀 수도 있다.

한때 자살률 1위의 다리라는 오명을 얻기도 했던 마포대교는 요즘 '생명의 다리'로 불린다. 다리 곳곳에는 센서 등이 설치되어 보행자의 움직임에 따라 여러 메시지가 차례로 켜지게 되어있다. 자살을 생각하고 있는 사람이 그곳을 찾을 경우를 대비하여 위로의 말을 건네는 것이다.

그런데 이 메시지들은 거창하거나 심오한 깨달음을 주는 것들이 아니다. '밥은 먹었어?', '많이 힘들었구나.', '말 안 해도 알아.' 등 일상적인 말들이다. 이렇게 평범하지만 따뜻한 말 한마디만으로도 누군가에게 위로가 될 수 있다. 그리고 한 사람의 생명을 구할 수도 있는 것이다.

세상을 빛낸 위인들은 타인을 도우며 사는 것의 가치와 중요성에 대해 잘 알고 있었다. 존 웨슬리는 "할 수 있는 한 모든 이를 위해 모든 곳에서 할 수 있는 모든 방법을 동원해 할 수 있는 모든 선을 행하라."라고 말했고, 슈바이처 박사는 "나는 당신이 어떤 운명으로 살 지 모른다. 하지만 이것만은 장담할 수 있다. 정말로 행복한 사람들은 어떻게 봉사할 지 찾고 발견한 사람들이다."라고 말했다.

또한 영국의 수상 윈스턴 처칠은 "우리는 일함으로 생계를 유지하지만 나눔으로 인생을 만들어간다."고 말했으며 마하트마 간디는 "보상을 구하지 않는 봉사는 남을 행복하게 할 뿐 아니라 우리 자신도 행복하게 한다."며 역설했다. 이렇듯 수많은 명사들이 타인을 돕는 일의 중요성을 깨닫고 남을 돕도록 권유하고 있다.

남을 도우면 그에게 따뜻한 마음을 전할 수 있음은 물론이고 나도 보람과 행복을 느끼게 된다. 나아가 나와 타인의 인생까지 변화시킬 수 있다. 그런데 이것 말고도 봉사의 유익함에 대한 놀라운 사실이 한 가지 더 있다. 바로 봉사가 우리의 신체에도 영향을 미친다는 것이다.

1998년 하버드 의대에서 행해진 한 실험에서, 의대생들은 봉사활동에 참여시킨 후 체내 면역 기능을 측정했더니 면역기능이 크게 증강되었다고 한다. 또한 마더 테레사의 전기를 읽게 한 다음 인체 변화를 조사했더니 그것만으로도 생명 능력이 크게 향상되는 것으로 나타났다고 한다.

이렇게 남을 돕는 활동을 통하여 일어나는 정신적, 신체적, 사회적 변화를 일컬어 '마더 테레사 효과'라고 한다. 이 밖에도 남을 도우면 최고조에 이른 기분을 느끼게 되는데, 이를 '헬퍼스 하이(Helper's High)라고 한다. 남을 돕는 봉사를 하고 난 뒤에는 심리적 포만감 즉 '하이(high)'를 느끼는데, 이 상태는 길게는 몇 주 동안이나 지속된다. 이 헬퍼스 하이를 느끼면, 혈압과 콜레스테롤 수치가 현저히 낮아지고 엔돌핀이 정상의 3배 이상 분비되어 신체적으로, 정신적으로 마음에 활력이 넘치게 된다.

그러나 사람들에게 도움이 되고 싶어도 막상 어떻게 시작해야 할지 그 방법을 모르는 사람들이 많다. 남을 돕는 일은 아주 작은 것부터 시작된다. 당장 집 앞을 빗질하고 쓰레기를 주워 거리를 깨끗하게 만드는 일도 봉사의 일종이다. 어디서부터 어떻게 시작해야 할지 모를 때에는 결연가정을 후원하는 프로그램부터 시작해 보자. 월 몇만 원으로도 어려운 이웃에게 큰 도움을 줄 수 있다.

자원봉사를 하고자 한다면 인터넷 검색을 통해서도 필요한 정보를 얻을 수 있다. 요즘에는 자원봉사 단체의 홈페이지들이 많이 활성화되어 있기 때문이다.

주 5일 근무제의 확산과 대체휴일제의 도입으로 이제 여가

시간은 점점 많아지는 추세이다. 요즘 부모들은 남아도는 여가 시간을 아이들과 즐겁게 보내기 위해 어디를 갈지 고심하고 또 고심한다. 그래서인지 놀이동산이나 키즈카페, 체험관 등을 언제나 북적인다. 그러나 언제까지 여가 시간을 소비로만 보내는 것도 한계가 있기 마련이다.

여가시간에 놀이동산 대신 아이들의 손을 잡고 봉사활동을 하러 가는 것은 어떨까? 나는 딸이 좀 더 자라면 함께 봉사활동을 다닐 계획이다. 딸이 중학생이 되면 일 년에 1번씩은 남편과 아이와 함께 동남아시아의 낙후된 지역으로 봉사 여행을 떠날 예정이기도 하다.

그들에게 작은 힘이 나마 도움이 되는 것은 물론, 우리 가족에게 더없이 소중한 경험이 될 것이라 생각하기 때문이다. 어려운 이웃을 돕고 정을 나누는 경험이 아이들에게는 해외 휴양지의 넘실대는 바다보다 더욱 소중한 가르침이 된다. 부모가 남을 돕는 모습을 보고 자란 아이들이 가슴 따뜻한 사람으로 성장하리란 사실은 두말할 필요도 없다.

바른 사람이 되어라, 착한 사람이 되어라 하고 자녀들에게 백 마디 잔소리를 하는 것보다 함께 봉사활동을 하는 것. 부모 먼저 이웃의 어려운 모습에 공감하고 도움의 손길을 내미는 것. 이런 것이야말로 진정한 자녀 교육이 아닐까.

06 영혼은 생각의 빛깔로 물든다

　　　　　　　　인도에는 옛날부터 행복에 관해 전해 내려오는 이야기가 있다. 아주 먼 옛날, 이 세상이 처음 만들어졌을 때 인간들에게는 행복이 이미 주어져 있었다고 한다. 그런데 이 행복을 가진 인간들은 신에게 감사하기는커녕 기고만장해져서 망나니짓을 하고 다니기 일쑤였다. 인간들의 악행이 점점 심해지자 보다 못한 천사들은 회의를 열어 인간에게서 행복을 회수하기로 결정했다. 문제는 이 행복을 어디에 감추느냐 하는 것이었다.

　의견은 분분했다. 바닷속 깊은 곳에 숨기자, 높은 산 정상에 숨겨두자…. 하지만 인간의 머리가 워낙 비상하고 탐험정신도 강해 그런 곳에 숨겨봤자 쉽게 찾아낼 것이라는 반대 의견이 많았다. 천사들은 이 문제로 골머리를 썩였다.

며칠간의 난상토론이 이어진 결과, 천사들은 행복을 인간들 각자의 마음속에 숨기기로 결정했다. 아무리 인간들이 머리가 좋고 탐험정신이 강해도 설마 자신의 마음속에 행복이 숨겨져 있으리라고는 좀처럼 깨닫지 못할 것이라 생각했기 때문이다.

천사들의 예상은 적중했다. 그 후 인간들은 수천 년에 걸쳐 행복을 찾아 나섰지만, 아무리 노력해도 행복을 찾기는 쉽지 않았다. 깨달음을 얻은 몇몇의 인간들만이 행복을 누릴 수 있었다.

위의 이야기가 주는 교훈처럼 행복은 사실 우리와 가장 가까운 곳에 있다. 그러나 우리는 이 사실을 알면서도 엉뚱한 데서 행복을 찾고자 한다. 욕심이 많아질수록 행복과는 점점 거리가 멀어질 뿐이다.

사람들은 성공한 사람들을 부러워한다. 보통 사람들이 성공한 사람들을 바라보는 시선에는 부러움과 경탄, 그리고 시기와 질투가 혼합되어 있다. 일반인들은 성공한 사람이 부모를 잘 만나서, 운이 좋아서 성공했을 것이라고 폄하하고는 한다. 그렇게라도 합리화시켜야 자신의 처지가 덜 초라하게 느껴지기 때문이다.

성공한 사람들을 만나보면, 하나같이 자신감에 차있고 긍정적이며 밝은 에너지가 넘치는 것을 알 수 있다. 사람들은 그들이 성공했으니까 저렇게 자신감에 차있고 긍정적일 수 있다고 생각하지만 사실은 그렇지 않다.

성공하는 사람들은 성공하기 전, 별 볼 일 없는 인생을 살았을 때에도 이미 긍정적인 마음을 가지고 있었다. 긍정적인 마음이 성공을 부르고 성공이 그를 더욱 긍정적으로 만들어 더 큰 성공을 누리게 되는 과정이 반복되는 것이다. 나는 그것을 '긍정과 성공의 강화작용'이라고 부른다.

절망적인 상황에 닥쳤을 때 어떠한 마음가짐으로 받아들이느냐에 따라 이전과는 완전히 다른 인생을 살 수 있다. 행복한 사람과 불행한 사람, 성공하는 사람과 성공하지 못하는 사람은 바로 이 작은 차이에서 비롯된다. 여기 마음가짐이 얼마나 중요한지 보여주는, 절망에 빠진 두 사람의 인생을 들여다보자.

1850년대 미국에 헨리 콤스톡(Henry Comstock)이란 부자가 살고 있었다. 골드러시의 광풍이 미국 전역에 불던 시절이었다. 그 역시 모진 탐사 끝에 금광을 찾아내긴 했지만 그가 찾은 금광은 별 가치가 없어 보였다. 결국 그는 그곳에서 금 캐는 것을 포기하고 금광이 묻혀 있는 산을 1만 1,000달러에 팔고 떠났다. 실제 가치보다 잘 받은 것 같다고 만족스러워하면서 말이다.

그런데 몇 년 후 반전이 일어난다. 척박해 보이기만 하던 그곳에서 미국 최대 규모의 금광이 발견된 것이다. 금의 매장량은 무려 5억 달러를 상회했고 산의 새 주인이 된 조지 허스트는 엄청난 부자가 되었다. 콤스톡은 땅을 치며 후회했다. 하지만 선택을 되돌릴 수는 없었다. 절망에 빠진 그는 술로 세월을 보내다가 한 달 만에 권총 자살로 생을 마감하고 말았다.

여기 또 한 명의 엄청난 시련을 겪은 이가 있다. 바로 토머스 에디슨이다. 그의 나이 60대 후반이었던 어느 날, 화재가 발생해 집과 연구실이 몽땅 타버리는 사건이 발생했다. 남은 건 몇 푼 되지 않는 보험금뿐이었다. 노후를 편히 즐길 나이에 전 재산을 잃어버리다니…. 재기하기에는 너무 늙어버린 노인에게 사람들은 진심으로 위로의 말을 건넸다. 그러나 그는 절망하지 않았다.

오히려 "재앙도 가치가 있구먼. 내 모든 실패들이 날아가 버렸으니. 내 좁은 식견을 깨우쳐 주시려고 신이 깨끗하게 청소를 해주신 게야. 새롭게 시작하게 해주신 신이시어 감사합니다."하며 미소 지었다. 그리고 화재 3주 뒤, 첫 번째 축음기를 선보였다. 그는 예전보다 더욱 훌륭한 연구실을 지었고 이전보다 더 큰 성공을 거두었다.

이 두 사람의 차이점이 무엇인지 보이는가? 콤스톡은 절망적인 상황을 불행으로 받아들였다. 반면 에디슨은 절망적인 상황을 오히려 좋은 기회로 보았다. 바로 이 생각의 차이가 이들의 인생을 '권총 자살'과 '성공'이라는 엄청난 차이를 가져왔다.

이들을 보면 마음가짐이 얼마나 중요한지 알 수 있다. 자신을 힘들게 하는 시련들도 조금만 관점을 달리하여 바라보면 고마운 것들이 될 수 있다. 사람은 고통과 시련을 겪으면서 성장한다. 고통을 통해 삶과 세상을 바라보는 눈이 깊고 넓어진다면 그 고통은 괴로운 것이 아닌 감사할만한 것이 된다.

행복은 마음먹기에 달려있다. 어려운 환경에서도 긍정적인 마음가짐으로 자신이 처한 상황에서 벗어나고자 노력할 때 진정으로 인생은 변화한다. 그러나 많은 사람들이 긍정적인 마음가짐을 가지라는 말에 거부반응부터 보인다.

긍정적인 마음을 가지라는 말은 부정적인 감정 자체를 부정하라는 것은 아니다. 지금 힘들어 죽겠는데 "난 행복해! 즐거워!"하며 웃을 수는 없지 않은가? 때로는 슬픔의 밑바닥까지 경험해봐야 비로소 위로 치고 올라올 수 있다.

나 역시 힘들 때 나를 위로한답시고 사람들이 "세상에 너보다 더 불행한 사람들이 얼마나 많은 줄 아니?" 하고 말하면 솔직히 화부터 났다. 세상에 힘들고 어려운 사람이 아무리 많다고 해도, 자신에게는 자기 자신의 문제가 가장 아프기 마련이다. 비록 옆 사람이 다리가 부러졌다 할지라도, 당장 자기 엉덩이에 난 뾰루지의 아픔이 더 크게 느껴지는 것이 사람이다.

간혹 내게 "좋게 생각하라."며 위로하는 사람들도 있었다. 하지만 당사자 입장에서 그런 소리를 들으면 '자기 일 아니라고 쉽게 말하는 건가?' 싶을 뿐이다. 정말 힘든 상황에서는 누가 뭐라고 해도 그 어떤 말도 들리지 않는다.

그럴 때에는 차라리 절망적인 감정에 내 몸을 맡기는 편이 낫다. 분노와 슬픔을 억누르면 도리어 더욱 강한 힘으로 감정들이 치고 올라오기 때문이다. 감정을 억누르지 말고 자유롭게 풀어주는 것이 정신건강에 훨씬 이롭다. 슬프고 화가 날 때에는 마음껏 절망도 하고 소리도 쳐보고, 시원하게 울어보자. 한참을 그러고 나면 점차 슬픔이 잦아들고 어느 정도 속이 후련해진다. 그리고 마음이 진정되며 차분해진다.

김정운의 책 『리듬』에는 다음과 같은 이야기가 나온다.

"아픔을 주체하지 못해 주저앉고 싶을 땐 저항을 멈추고 잠시 주저앉아야 한다. 주저앉아 아픔이 온몸을 타고 마음껏 흘러가도록 길을 비켜줘야 한다. 아픔이 흘러가고 나면 저절로 고요해진다. 슬픔이 너무나 힘겨워 소리 내어 울고 싶을 땐 저항을 멈추고 잠시 실컷 울어야 한다. 슬픔이 흘러가고 나면 다시 고요해진다. 분노가 너무나 거세게 피어올라 터질 것 같을 땐 저항을 멈추고 분노의 불길에 잠시 몸을 빌려줘야 한다. 온몸을 타고 분노의 불길이 다 치솟고 나면 다시 고요해진다."

그런 후 차분해진 마음으로 다시 생각해보자. 정말 이 상황이 최악의 상황인가? 이 일로 인해 얻은 교훈, 혹은 좋은 점은 없는가? 세상 모든 일은 양면성을 가지고 있다. 나쁜 일의 이면에는 반드시 그로 인한 긍정적인 면도 있다.

여기 남편이 외도로 이혼위기에 처한 한 부부가 있다. 아내는 남편의 외도 사실을 알고 엄청난 배신감과 분노에 휩싸였다. 그리고 자신의 인생을 송두리째 잃은 것 같은 슬픔과 허무함도 느꼈다. 그녀에게는 그야말로 인생 최악의 상황이었다.

그러나 다르게 생각하면 이런 최악의 상황에서도 얻게 되는 교훈이 있다. 그녀는 이혼을 진행하는 과정에서 지금껏 남편이라 믿어왔던 사람의 인간성에 대해 낱낱이 알게 되었다. 알고 보니 그는 결혼 생활 내내 그녀에게 거짓말을 일삼아 왔다. 아내 모르게 진 빚만 해도 수 천만 원이었다. 더구나 그의 외도는 이번 한 번이 아니었다. 연애 때부터 그녀 몰래 수없이 많은 여자들을 만나왔던 것이다. 남편은 그녀에게 폭력까지 행사했다. 한마디로 그는 평생 의지하고 살만한 남자가 아니었던 것이다. 시부모 역시 아들의 외도 사실을 알면서도 '내조를 잘하지 못한' 며느리 탓만 했다. '네가 잘 못 하니까 착한 내 아들이 바람을 피운 것이다.'는 것이었다.

우여곡절 끝에 이혼한 그녀는 적성을 살려 정리 컨설팅 사업을 시작했고, 이제는 어엿한 사장님이자 전문가로 자리 잡았다. 제 2의 인생을 살게 된 그녀는 요즘 인생이 즐겁다.

홀로 아이들을 키우며 살고 있는 그녀는 결혼생활을 끝낸 것이 잘한 일이었다고 회상한다. 물론 이혼이 결코 최선은 아니다. 하지만 외도 사실을 몰랐더라도 거짓투성이에 경제문제, 폭력문제까지 갖고 있는 남편과 언젠가는 더 큰 문제에 봉착했을 것이다.

그녀는 절망적인 상황에서 주저앉지 않고, 제2의 인생을 사는 계기로 삼았다. 그리고 일어섰다. 그녀의 경우뿐만 아니라 세상 모든 일에는 좋은 점과 나쁜 점이 함께 존재한다.

인생을 살면서 일어나는 일들은 선택의 여지가 없을 때가 많지만, 자신에게 일어나는 일에 대해 '어떻게 반응할 것인가'는 선택할 수 있다. 좋은 점을 보려고 하던 나쁜 점만 보려고 하던 그것은 당신의 선택이다. 그리고 당신의 선택에 따라 그 이후의 삶은 달라진다.

절망에 빠져 있을 때 다른 어떤 말들로도 위로가 되지 않는다면 이것 한 가지만은 기억하자. 나를 사랑하고 내가 잘살기를 진심으로 바라는 사람이(부모든, 자식이든) 단 한 명이라도 있다는 점 말이다. 당신은 어느 누군가에게 있어 너무나 소중한 사람이다. 때문에 어떻게든 절망을 딛고 일어서야 한다.

배우 박신양 씨는 온 국민의 사랑을 받는 대한민국의 대표적인 배우이다. 그는 드라마 「파리의 연인」과 영화 「약속」으로 스타덤에 오른 이래 지금까지 꾸준히 시청자들의 사랑을 받고 있다. 그가 수십 년간 롱런을 하는 이유는 연기에 있어서는 한 치의 오차도 허용하지 않는 프로 정신이 밑바탕이 되었기 때문일 것이다.

그는 25년간 단 하루도 빠짐없이 매일 새벽 5시면 일어나 발성 연습을 해왔다고 한다. 드라마 「싸인」을 촬영했을 때에는 A4용지 160장에 이르는 분량의 작품 분석을 해 와서 감독이 깜짝 놀랐다는 일화도 있다.

그런데 그런 그도 한때 힘든 시기가 있었다고 한다. 어느 한 케이블 TV의 「스타 특강 쇼」를 통해 알려진 그의 일화는 인생의 시련을 우리가 어떻게 받아들여야 할지 한 번쯤 생각해보게 한다.

대학 졸업 후 러시아로 유학을 떠난 첫해였다. 당시 그는 생활고와 언어장벽, 학업에 대한 스트레스에 시달리고 있었다. 그가 입버릇처럼 했던 말은 "나는 왜 이렇게 힘든가요?"였다.

힘들어하던 그에게 러시아어를 가르치던 선생은 어느 날 러시아 시집 한 권을 선물했다. 별생각 없이 시집을 읽어 내려가던 그는 책 속에서 어떤 문장을 발견하고 충격을 받게 된다. 시집에는 이렇게 쓰여 있었다고 한다.

"당신은 당신의 인생이 왜 힘들지 않아야 된다고 생각하십니까?"

그는 이 한 문장으로 인생을 바라보는 관점이 바뀌게 되었다고 말한다. 그리고 자신의 인생을 온전히 끌어안는 법을 배우게 된다. 그는 말한다.

"인간의 착각 중 하나는 행복이 곧 힘들지 않은 인생이라고 생각하는 데 있다. 힘들어도 내 인생이고, 인생을 살다 보면 즐거울 때보다 힘들 때가 더 많은 것이 사실이다. 나의 힘든 시간을 사랑하지 않는다는 것은 나의 인생을 사랑하지 않는다는 뜻이다. 가장 힘든 시간까지 사랑하는 법을 배워야 한다."

인생의 힘든 시기를 부정하고 괴로워하기보다, 힘들지만 이 것도 내 인생이라고 끌어안아 보는 것. 지금 겪는 괴로움이 내 인생의 밑거름이 될 것이라는 긍정적인 마음가짐. 이것이 사람 으로 하여금 고통을 딛고 일어서게 하는 원동력이 될 수 있는 것이다.

호박벌은 세상에서 가장 부지런한 벌로 알려져 있다. 어찌나 부지런한지 그 작은 몸으로 1주일에 1,600km의 거리를 날아 다니며 열심히 꿀을 모은다고 한다. 그런데 사실 이 호박벌은 공기역학적으로 보았을 때 절대 날 수 없게 되어있는 신체구조 를 가지고 있다. 몸에 비해 날개는 너무 작고 가볍기 때문이다. 그래서 하늘을 나는 것은 고사하고 잠깐이라도 공중에 떠 있는 것 자체가 불가능하다.

그런데 호박벌은 다른 벌에 비해 월등히 많은 거리를 날아다 니기까지 하면서 부지런히 꿀을 모은다. 미스터리가 아닐 수 없 다. 대체 어떻게 날 수 있는 것일까? 그 이유는 간단하다. 자신 은 날 수 있다고 생각하기 때문이다. 호박벌들은 날 수 없다는 생각 따위는 결코 하지 않는다. 살기 위해서는 어떻게든 꿀을 모아야 하기 때문에 그저 한 번이라도 더 날갯짓을 할 뿐이다.

작은 호박벌도 마음먹는 대로 날아다니는 기적을 창조한다. 하물며 우리 인간들은 호박벌보다 훨씬 더 위대한 잠재력이 있지 않은가. 우리의 마음은 무궁무진한 잠재력을 가지고 있다. 모든 것은 당신이 마음먹기에 달렸다. 당신이 마음만 먹는다면 행복한 삶은 당신의 것이 될 수 있다. 자, 이제 어떤 삶을 살 것인가? 선택은 당신의 몫이다.